すぐにヤラせてくれる女、絶対にヤラせてくれない女

5秒でわかる
コスパ最強の心理法則

心理学者
立正大学客員教授
内藤誼人
Yoshihito Naito

Only 5 seconds

廣済堂出版

まえがき

「男性は、すぐにセックスしたがる。女性はそんなにすぐにはセックスをしたがらない」

なるほど、たしかにそうだ。

私自身、そういう男女差があることを示す科学的な証拠をいくらでも挙げることができる。

しかし、早合点してはいけない。女性はたしかに男性ほどにはセックスをしたがらないが、だからといって、**「女性とすぐにエッチをするなんて絶対にムリ」なのかというと、そんなこともない**のである。

よくある恋愛本には、「女性は恋愛に関しては、ものすごく慎重だから、ゆっくりと愛を育《はぐく》みましょう」などと書かれていたりする。大半の女の子を相手にするときには、たしかにそういう恋愛をしたほうが無難かもしれない。

けれども、**「すぐにヤレる女の子」は確実に存在する。**

本書は、そういう女の子の見つけ方をお教えするものである。

あるいは、ごく普通の女の子とどうすればすぐにエッチに持ち込めるのかも考察していきたい。普通の恋愛テクニック本というよりは、お付き合いのほうはどうでもいいので、どうすれば〝すぐにヤレる〟のかだけを考えていきたい。


「すぐヤレる女の子なんて、いないんじゃないの!?」

読者のみなさんは、そう思うであろう。

けれども、それは間違いである。

たしかに、女性は男性に比べるとセックスに対して慎重である。統計的にそういう男女差があることは明らかだ。けれども、だからといって、「女性はいきなり男性とセックスなどしない」と考えるのも誤りなのだ。

事実としては、「女性だって、すぐにヤッちゃうことはある」のである。

カナダのオンタリオ州にあるゲルフ大学の心理学者エドワード・ヘロルドが、多くの男女に、「あなたは出会ってすぐにセックスしたことがありますか？」と尋ねてみたところ、そういう経験のある男性は33％だったが、女性は16％であった。

たしかに、男性は女性の2倍以上もすぐにセックスをしている。

けれども、ここで注目したいのは、「女性だって16％もすぐにヤッちゃった経験がある」ということである。１００人中16人。これは、かなりの高確率なのではないか。

手あたり次第に１００人の若い女の子に声をかけていれば、そのうち16人とはすぐにヤレる可能性があるということではないか。

しかも、手あたり次第ではなく、きちんと女の子を見極めながら、しっかりと選別してアプローチするのであれば、成功する割合をもっと高めることはできるのではないか。

たいていの男性は（私を含めてであろうが）、面倒な〝お付き合い〟というプロセスを素っ飛ばして、いきなり〝セックスをしたい〟というのがホンネなのではないかと思う。そんな読者のみなさんのために、どうすればその目的を達成できるのかを考えてみた。

女の子だって、セックスが嫌いなわけではない。

男の子と同じくらい、すぐにセックスしたい女の子だっている。

紀元前後の詩人オウィディウスの『アルス・アマトリア』は、「恋の技術」と訳されているが、ほとんど「強姦のすすめ」に近い。女はみんな心の底ではセックスを望んでいるのだから、ともかくやってしまえ、などと乱暴なことが書いてある。もちろん、そんなことをしたら犯罪である。

本書ではそんなことは絶対にすすめない。**あくまでも合法的にすぐヤレる女の子の見つけ方と、すぐヤルための技術だけをご紹介していく**つもりだ。

どうか最後までよろしくお付き合いいいただきたい。

すぐにヤラせてくれる女、絶対にヤラせてくれない女

目次

第1章

すぐヤレる女の子は、どこを見ればわかるのか？

第2章

なにげない〝質問〟で、ヤラせてくれる女の子かどうかを知る方法

第3章

まだまだある「すぐヤラせてくれる女」の見抜き方

第4章

“モテまくりの男”になるための実践心理テクニック

第5章 出会ったその日にセックスに持ち込むための心理術

第1章

すぐヤレる女の子は、どこを見ればわかるのか？

ヤリたいなら、おてんばで男っぽい女の子を狙え！

井原西鶴の『浮世草子』には、女性が男性経験を積むとお尻が平らになる、という話が何回か出てくる。男遊びしている女の子は、お尻でわかるというのだが、ちょっと科学的な信ぴょう性が薄くて信用できない。

また、ローマ時代のデモクラテスは、首が細いのが処女の証拠だと言っている。だとすれば、首が太い女の子ほど遊んでいるのだろうか。この手がかりもかなり怪しい。

それよりも、もっと簡単な判別法がある。

ここがポイント！

それは、**女の子がボーイッシュかどうか。つまり、男っぽいかどうか。この点に注目すれば、すぐヤレる女の子はだいたいわかる。**

女性に比べて、男性はセックスしたがる生きものである。

女性は1日1回しかセックスのことを考えないが、男性は1日に11回もセックスのことを考えるというデータがある。これはオードリー・ネルソンとスーザン・K・ゴラントの『しぐさでバレる男のホンネ、女の本心』（草思社）という本に出ているデータだ。

また、ルーアン・ブリゼンディンの『女性の脳』という本によると、20歳から30歳までの男性の85％が、52秒に1回の割合でセックスについて考えるのに対して、女性は1日に1回しか考えないらしい。

女性のほうが、あまりセックスに乗り気ではないということだ。

しかし、男でなければセックスに興味がないかというと、そういうわけではない。

生物学的には「女性」でも、内面的、性格的には「男性」の女の子がいる。

そういう女性を狙えばよいのだ。

男っぽい女の子は、男性と同じくらいテストステロン（男性ホルモン）が分泌されていて、男性的なモノの考え方をする。セックスに対しても積極的である。だから、そういう女の子を探せばよい。

あきらかにフェミニンな雰囲気がぷんぷんしている女の子とは、すぐにヤルのはものすごく難しい。なぜなら、そういう女の子はモノの考え方も女性的で、保守的であり、慎重だからだ。

狙うのは、男っぽい女の子。

カナダにあるワーテルロー大学のジェニファー・マグレガーは、「あなたはダンスパーティで素敵な人に出会ったら、どれくらい積極的にいきますか?」と質問したことがあるのだが、男性的な女の子のほうが、そうでない女の子に比べて、「積極的にいく」という回答が多かったという。

男っぽい女の子は、行動も男性的。

気に入った男がいれば、自分からグイグイ攻めていく。

そういう**〝男勝り〟の〝おてんば〟な感じの女の子を狙うのがポイント**だ。

男友だちの多い女の子はセックスに抵抗がない

性に対して奔放なのは、男性。

『現代人の心が見えるパーセント』(Media View著、東京書籍)という本を読んでいたら、「恋愛は、必ずセックスに結びつく」という質問に対して、賛成したのは男性47％に対して女性は17％であったという。

女性にとって、恋愛とはおしゃべりや心理的な結びつきを含めた総体であるのに対して、男性はセックスが主体なのである。

しかし、くり返しになるが、女性にだって男っぽい女の子はいる。「いる」などというより、最近は「多い」のではないかと思う。そういう女の子なら、出会ってすぐのセックスにもそんなに抵抗がないであろう。なぜなら、心が男だからだ。

「でも、心の中身が男っぽいかどうかなんて、外見からではわからないんじゃないでしょうか？」

と思った読者もいらっしゃるかもしれない。

たしかに、それはそうだ。

しかし、どれくらい男っぽいのかは、ちょっとした手がかりに注目すればすぐに見抜ける。そのひとつが、「**男友だちの数**」。

だいたい、男っぽい女の子は、男友だちが多い。心の中身が男っぽいので、男と付き合っていたほうがラクなのであろう。

女同士の付き合いというのは、ウェットというか、ジメジメしている。性格が男っぽい女の子は、そういう付き合いは面倒くさい。そのため、もっとサバサバしている関係を求め、男友だちが多くなる傾向があるのだ。

米国リチャード・ストックトン大学のダイアン・ドニオは、40名の女子大学生に対して、男っぽさ・女の子っぽさを測定する心理テストを実施する一方で、どれくらい男友だちがいるのかを聞いてみた。その結果、男っぽい性格の女の子のほうが、明らかに男友だちの数が多いことが明らかにされたという。

ここが
ポイント！

男友だちと飲みに行ったり、遊んだりすることに抵抗のない女の子であれば、心の中身も男っぽいし、セックスについても女の子ほどは抵抗がないはずだ。気が合うと思えば、出会ったその日にだって、セックスをするであろう。

男っぽい女の子は、男友だちの数を調べれば一発でわかる。見た目が女の子っぽい雰囲気でも、おしゃべりしてみると、竹を割ったような性格の女の子もいる。そういう女の子は、男友だちのほうが多かったりするのだ。

顔だちだけで「すぐヤラせてくれる女」を判断する方法

男性が女性に比べてセックスに対して積極的なのは、テストステロンという男性ホルモンの影響が大きい。

テストステロンは、身体を活性化させる働きをするホルモンであり、男性にはこのホルモンが女性よりも多く分泌されるのだ。

もちろん女性にだって、テストステロンは分泌されるのだが、そうするとなぜか男っぽい顔だちになっていくことが知られている。

そのため、顔だちを見るだけで、その子がどれくらい男っぽいのかもある程度までは判断できるのである。

コロンビア大学のマリアン・レガトの『すぐ忘れる男　決して忘れない女』（朝日新聞社）という本によると、テストステロンが多く分泌されていると男性特有のくっきりとした輪郭になりやすいのだそうである。

逆に、女性ホルモンのエストロゲンが多く分泌されていると、顔の輪郭は丸く、柔らかく、ふっくらとした感じになり、頬や唇にも脂肪がつきやすくなるのだそうである。

したがって、**顔だちをみれば、およその男らしさはわかる**わけだ。

女の子らしい、ふくよかな丸顔の女の子は、おそらく女性ホルモンが多く分泌されているのだろう。

そういう女の子は、男性とのお付き合いにおいてもセックスにおいても消極的で、慎重で、臆病であるに違いない。なにしろ、心の中身も完全に女の子なのだから。

「そういう顔の女の子が僕のタイプだ！」という読者もいらっしゃるだろうが、残念ながら、そういう女の子は、きわめて落としにくい。もちろん、落とすための戦略がないわけではないのだが、**もっとフランクにセックスを楽しめる女の子をさっさと見つけたい、というのであれば、男っぽい顔だちの女の子を選んだほうがいい**だろう。

ここが
ポイント！

顔だちからすぐにヤラせてくれる女の子を見抜くのであれば、尖《とが》っているというか、鋭いというか、大きいというか、とにかく男性によく見られる特徴があるのかどうかに注目しよう。そのほうが成功率は高い。

柔らかな感じ、ふくよかな感じの顔だちの女の子は、心の中身も女性的であり、そういう女の子は出会ってすぐにセックスをすることには大きな抵抗がある。ゆっくりと恋愛感情を深めていきたい、と思うタイプなので、性急にセックスを求めるような男が大嫌いだ。もし、こういう女の子とお付き合いしたいのなら、セックスのことなどおくびにも出さず、紳士で、誠実なところをアピールしなければならない。

顔だちが男っぽい女の子であれば、男性と同様にサバサバしているから、「一晩付き合ってよ」と直接的に切り込んでも、「え〜、う〜ん、まあ、別にいいか（笑）」と答えてくれる可能性が高い。

もちろん、これは可能性が高いというだけで、絶対にそうだというわけではない。あくまでも可能性がちょっぴり高くなるかもしれない、というだけである。

セックスに対してユルい女性は、「薄着」を好む

すぐにヤラせてくれる女の子は、服装でもわかる。基本的に、そういう女の子は薄着なのだ。

彼女たちの特徴は、「身体が締めつけられるのが嫌い」だ。たとえ冬でも、そうである。

そのため、自宅ではほとんど裸のような格好でフラフラしているだろうし、外出するときにもそんなに厚着をしない。薄い格好をしている。その点でも、男性的であるといえる。

身体がたえず火照《ほて》ったような状態にあるのか、とにかく暑さを感じやすい。たいていの男性は、暑がりだ。女の子は、寒がりである。

ノース・イリノイ大学のユーゲン・マーチスは、服装の好みとセックス・パートナーの

数、あるいはセックスの頻度について調べてみた。

その結果、セックスに対してユルい女性は、ノーブラでいることが多いことがわかったという。また、短パンを好む女性もそうであった。

ここがポイント！

ノーブラで短パンといえば、薄着も薄着である。そういう暑がりの特徴のある女性であれば、すぐにヤラせてくれる可能性はきわめて高いといえよう。

ちなみに、本書の目的とは無関係であるが、セックスを好む男性にも共通する特徴があって、それはタンクトップ、素足、サンダル、といった格好を好むことである。やはり、薄着であるという点では変わりがない。

服装というのは、心理学的にいうと自分を守るための鎧《よろい》だ。

したがって、重ね着を好む女性は、それだけ「自分を守りたい」という意識が強いものと解釈できる。

鎧をたくさん着込んで、自分を防御したいという気持ちが強いのだ。

そういう女性は、警戒心も強いであろうし、心もなかなか開いてくれない。だから、落としにくいのである。

その点、**薄着の女の子は自分を守ろうという意識が非常に弱い。簡単に人に心を許して**

くれる。一言でいえば、心の開放度が高いのである。だから、声をかけるのであればそういう女の子のほうがベストなわけである。

ものすごくたくさん重ね着していて、帽子をかぶり、手袋をつけ、サングラスまでかけているような女の子は、心理学的にいうと防衛的な女性である。おそらくは声をかけても、無視して通りすぎてゆくであろう。

ただし、冬場などだと、厚めのコートを着ていてもコートを脱ぐと意外に薄着だったりすることもあるので、確認してみる必要はある。

また、出かけるときには重ね着をしても、自宅では裸のような格好を好む女性もいる。そういう女性であれば、落とせる可能性がなくはないので、調べてみる必要がある。

タトゥーとボディ・ピアスに注目せよ！

ここがポイント！

あきらかに〝不良っぽく見える〟女の子は、どうなのか。

なんとなく不良の女の子のほうがすぐにヤラせてくれそうなイメージがあるのだが、それは心理学的に正しいのであろうか。

答えは、イエス。

外見が不良っぽい女の子のほうが、セックスに対してもガードが甘い。というより、セックスが好きな女の子が多い。

不良っぽい外見と言われても、いまいちよくわかりにくいかもしれないので2つほど手がかりをご紹介しておこう。

それは**タトゥーとボディ・ピアス**だ。

だいたい不良の子は、二の腕にタトゥーを入れていたり、鼻ピアス、舌ピアスをしている。そういう女の子は、すぐにヤラせてくれる公算が大きい。

米国ウェスト・ヴァージニア州にあるユニアータ大学のデビッド・ドルーズは、237名の大学生を対象にして、どういう人ほどたくさんのセックス・パートナーを持っているのかを調べてみた。

すると、タトゥーをしている人は、平均3・6人のセックス・パートナーを持っていて、タトゥーをしていない人では1・9人であることがわかった。**男女とも、タトゥーをしている人ほど、セックスが大好きだった**のである。

また、たくさんのセックス・パートナーを持っている人は、身体のどこかにピアスをしていることもあきらかにされた。**たくさんの人とセックスしている人の88%がボディ・ピアスをしていた**のである。あまりセックスしない人では24%であった。

同じようなデータは、テキサス技術大学のジェローム・コッホも提出している。

コッホが、「初体験の年齢」と「セックスの頻度」から、セックスに対する「奔放さ」の指標を導き出す一方、ピアスをつけているかどうかを調べたところ、〝ピアスあり〟の女の子の83・3％が奔放であると分類され、〝ピアスなし〟の女の子では63・3％だけが奔放であったという。

タトゥーとボディ・ピアスの2つは、すぐヤラせてくれる女の子のサインだといえる。ただ、中には、洋服で隠れたところにタトゥーやボディ・ピアスをしている女の子もいる。お腹であるとか背中だと、シャツなどに隠れてしまって確認しにくい。そのため、調べるのが難しいということもあるだろう。

ちなみに、ドルーズの分析によると、セックスを好む人には別の特徴もあって、それは犯罪傾向があるということだ。女性だと、ドラッグや万引きで逮捕された経験もあることが多いことがわかっている。

この点でも、「不良っぽい女の子」を狙うことの正しさが確証されているといえる。不良っぽい女の子は、タバコもよく吸うであろうし、補導歴などもある。そういう女の子のほうが、たくさんセックスするのである。

ただし、不良っぽく見えても、あきらかに未成年だとわかる女の子に声をかけたりすると、読者のみなさんのほうが逮捕されてしまうリスクが高い。淫行条例などで罰せられる危険があるので避けたほうが無難であろう。

かりに狙うのであれば、「若い頃は不良だったけど、今はもう卒業しちゃった」という ことを口にする女の子であろうか。

若い女性の年齢は、化粧によってわかりにくいということもあるが、あきらかに未成年だと思われるのは避けたほうが無難である。

おバカさんを狙うと、ヤラせてくれる確率が高くなる

頭がいいとか、高学歴の女の子というのは、すぐにヤラせてくれる可能性が小さい。どうやら、そういう女の子はあまりセックスをしたがらないようなのである。

『アメリカン・デモグラフィックス』誌が、成人1万人を対象にした調査を行なったところ、知性と性欲には逆の比例関係が見られることがわかった。

つまり、知性が高くなるほど、性欲のほうは弱くなるのである。同調査によると、大学院修了までの学歴がある人は年間のセックス回数が52回。学部までの卒業者では61回だった。

この調査によると、**頭がいい女の子ほどセックス回数が少なく、あまりセックスしたがらない**のではないかと思われる。

先ほど、「不良っぽい女の子を狙うといいですよ」というアドバイスをしたが、さらに付け加えるのであれば、「頭の悪そうな女の子が狙い目です」ということになるだろうか。

考えてみると、セックスというのは、きわめて本能的な行為。

ところが、頭がいい人というのは理知的であり、理性にしたがって行動することが多いのである。

だいたい理性の働きが強い人ほど、本能の働きを抑制しようとするものであるから、セックスに対してもそんなに欲求がないのかもしれない。

とはいえ、頭のいい人は理性で本能の働きをムリに抑制しているだけで、本能的な欲求を感じることはゼロだ、というわけではない。

お医者さんであるとか、弁護士であるとか、学校の先生のような、きわめてお堅い職業(理性的な職業)の男性が、風俗などで変態プレイに走ることが多いといわれているのは、普段、理性的であるだけに、抑圧された欲求を爆発させるときがときたまあるということであろう。

女性だって、頭がよく学歴が高い女の子でも、セックスに対する欲求を抑圧しているだけで、本当はものすごくエッチな子は現実にいそうな気がする。だから、**高学歴というだ**

けですぐに諦めてしまうのも、ちょっと考えものである。

また、知性と性欲に関しては、もっと複雑な関係が見られるとする研究者もいる。ノース・キャロライナ大学のキャロリン・ハルパーンが約1万2000人の中高生を調べたところ、知能指数とセックスの頻度には逆U字型の曲線が見られたそうである。知能が高すぎる人は、あまりセックスしていないのだが、逆に、知能が低すぎる人も同じようにセックスしていなかったのだ。

ここが
ポイント！

したがって、「おバカさんを狙うといいですよ」と言ったばかりで恐縮なのだが、「あまりにおバカさんすぎるのはダメです」ということもいえるかもしれない。結局は、**頭の中身に関しては、中くらいというか、普通の人が一番たくさんセックスしている**ようなので、あまり深刻に考えすぎる必要もないようだ。

「足を開いて座る女」は、セックスに対して積極的

ここがポイント！

性的な開放度の強い女の子は、足を開いて座る。心だけでなく、身体も、開けっぴろげなのだ。

もともと足を広げて座るのは男性で、足を閉じて座るのは女性である。したがって、**男性のように足を広げて座るのは、男性的な心を持っていることを示唆しているといえる。こういう女性は、セックスに対しても積極的だ。**

スウェーデンにあるリンチェピング大学のジャン・アストロムは、20歳から65歳までのさまざまな職業の男女と1時間の心理面接を行ない、その面接場面をこっそりとビデオ録画してみた。

その結果、30度以上足を開いて座る女性は、だれとでもお付き合いするようなタイプであった。人付き合いに積極的なタイプだったのである。ちなみに、握手をするときに力強く握手するタイプも、付き合いに積極的なタイプであった。

人に対して警戒心の強い女性は、足を閉じて座る。

足を閉じることによって、自分を防衛しようとするのであろう。

心理的なガードのゆるい女の子は、足を閉じることはない。むしろ、大きく開いている。

だから、**足の開き具合に注目すると、心の開き具合もわかる**のだ。

ちなみに、人間はだれでも緊張したり、不安を抱えていると足を閉じる。

これは男性でもそうである。

足を閉じたり、足を組んだり、膝《ひざ》は開いていても足首を交差させているときには、人は緊張している。

歯医者さんで治療を受けるとき、ガリガリと歯を削られるのが好きな人はいないから、たいていの人は不安を感じる。そのため、歯医者さんの待合室での観察によると150人の男性中、128人が足首を交差させていた、という研究もある。

足を組まなかった患者もいたが、そういう人は歯医者にかかりつけていて、そんなに治療も痛くないし、時間もかからないことをよく知っている人たちだけだったという（ニーレンバーグとカレロ著『人の心を読む技術』日本生産性本部）。

女性がどれくらい足を開いているのかを見れば、目の前の男性に緊張したり、警戒したりしていないかも判断できる。心を許していてリラックスしている女の子は、足を広げて座るものだからである。

自分と会っているときも、女性がしっかりと足を閉じて、しかも身体全体がこわばって見えるようであれば、あなたにヘンなことをされないか不安なのである。そんなときにはムリに求めたりはせず、安心させることに心を砕こう。

「おひとりさま」と呼ばれる女の子が浮気をしやすい理由

甘えん坊であるとか、依存心の強い女の子のほうが、なんとなくすぐに落ちそうなイメージがある。

しかし、これはどうも逆らしい。

むしろ、独立自尊というか、**「私は、ひとりでだって生きていけるわよ」という女の子のほうが気軽にセックスする傾向がある。**

ひとりで生きていける女の子は、男性に依存しない。

もし、彼氏がいたとしても、その彼氏に頼ったりしないし、ましてや男性に操《みさお》をささげるということはしない。だから、だれとでもセックスする。

米国ペンシルヴァニア州にあるハヴァフォード大学のベンジャミン・リーは、恋人がいて、さらに冬休み中に恋人と遠く離れる予定のある大学生を集めた。

そして冬休み中の12月27日、1月7日、1月17日の3回、インターネットを使って調査に答えてもらった。何を尋ねたかというと、ほかの人とどれくらい親しくなったか、あるいは浮気をしてしまったかだ。

すると、恋人と離れていても特に寂しいと思うこともないタイプほど、浮気していることがあきらかになったという。

恋人がいなくて寂しいと思う、依存心の強い女の子は浮気などしなかった。彼氏に対して忠誠心を示していたのである。ところが、ひとりでも特に寂しいとは思わない女の子は、彼氏がいないところでは浮気もしていたのだ。

ここが
ポイント！

女の子はメールや電話が大好きであるが、まれにそういうやりとりが面倒くさいと感じる女の子がいる。男性的な女の子だ。そういう女の子は、おそらく恋人がいたとしても、気が合えば浮気もＯＫというタイプであろう。

逆に、ひっきりなしに彼氏と連絡を取り合っているような、そういう女の子は、彼氏に対して操をささげており、ほかの男からアプローチされても、見向きもしないのではないかと思う。

行動力があって、ひとりでもたくましく生きていける女の子を称して「おひとりさま」と呼んだりする。

そういう女の子は、男性を敬遠しているように思われるかもしれないが、別に意識して敬遠しているわけではない。たまたま仕事が忙しいとか、何らかの理由でひとりなだけである。だから誘えば、十分にセックスできる可能性はある。

「おひとりさま」と呼ばれる女の子は、性格的には男性的であることを思えば、むしろセックスだけの、お互いに都合のいい関係にもなれるかもしれず、狙い目だったりするのである。

プライドの高い、鼻っ柱の強そうな子もオススメ

何かにつけて、女友だちと張り合おうとする女の子がいる。

友だちが彼氏からアクセサリーをプレゼントされたら、自分はもっと高いプレゼントを彼氏に求めたりするような女の子だ。友だちが流行の服を買ったら、自分も負けじとすぐにでも買ってしまうような女の子がいる。

そういう女の子は、とてもプライドが高いのであろう。

そして、こういう女の子のほうが、なぜかすぐにヤラせてくれるという傾向がある。

米国アイダホ州にあるボイジ州立大学のアンソニー・ウォルシュは、男性にしろ、女性にしろ、プライドの高い人のほうが、たくさんのセックス・パートナーを持っていることを明らかにしている。

ここが
ポイント！

プライドが高い人は、たくさんの人とセックスをすることで、「ほら、やっぱり、私って素敵な人だから」という事実を確認したいのであろう。

セックスできるということは、それだけ自分の魅力が高いのだ、ということを再確認させてくれる。

もし、自分に魅力がなかったら、そもそもセックスをする相手さえ見つけることができないはずで、だからこそセックスをたくさんできる自分は魅力が高いのだ、とセックスをするたびに再確認できるのである。

しかも、いろいろな人とセックスできれば、それだけ数多くの人から自分の魅力が認められたことにもなる。

ようするに、セックスをすると、自尊心がくすぐられてプライドの高い人にはたまらない快感なのである。セックス自体が気持ちいいのではなく、自尊心が満たされることの快感があるのだ。

だから、**プライドが高い人のほうが、たくさんセックスする。**

たいていの人は、プライドの高い女の子をあまり好きではないと思う。

すぐに張り合おうとするし、自慢ばかりするし、気が強いし、短気だからだ。

しかし、すぐにヤラせてくれるという点では、そういう女の子も決して悪くはないのではないかと思う。

「これはプライドが高いタイプだな」と思ったら、とにかく彼女が喜ぶようなことをどんどん言ってあげよう。「キミほど素敵な女の子に出会ったことはない」とか、「あなたのような人とおしゃべりできる私は幸せ者だ」とか、なんとか。

こういうお世辞をバンバン言ってあげていれば、彼女の自尊心は満たされるし、自尊心を満たしてくれるような読者のみなさんにも好感を持つ。もちろん、セックスに誘ってもOKしてくれる見込みは高くなるであろう。

プライドが高く、鼻っ柱の強い女の子を敬遠する男性は多いと思うのだが、それは間違いである。むしろ、彼女たちのほうが「扱いはチョロイ」とさえいえるのではないかと思う。

Column

初回のデートでのセックスもムリではない

たいていの男は、デートをするときにはあれこれと計算する。

「まあ、今回は初めてのデートだし、お食事で終わりだな」

「付き合って1ヶ月目か。自宅にも誘ってみようかな」

「付き合って2ヶ月も経つんだし、そろそろいいだろう」

などなど。

もちろん、こういう計算をするのは悪いことではないのだけれども、だからといっていつでも「一般的な恋愛ルール」に頼るのも考えものだ。ときには、より積極的に、もっとはっきり言うと野獣のようにアプローチしたい。

「虎穴に入らずんば虎子を得ず」という言葉もあるし、大胆な攻め方をしたほ

Column

うが、得られる利益も大きくなる、ということは現実にあるのだ。

女性は、たしかに1回目のデートでいきなりセックスにOKしてくれることはあまりない。たしかに、あまりないのだが、それでも確率的にはゼロではない。つまりは、「ある」ということである。

フロリダ国際大学のエイジア・イートンは、217名の大学生に、一番最近の恋人との最初のデートを思い出してもらった。そして、初デートでいきなりセックスしたのかを聞いてみたのである。

その結果、男性の19%、女性の6%が「ヤッちゃった」と答えたのである。

たしかに6%という数値はかなり低いけれども、100人中6人の女の子は初デートでのセックスもしていると考えれば、そんなに小さな確率でもないと思う。宝くじのように、何万分の1という確率でもないのだから、十分に起こりうる確率である。

「今日は、初デートだからムリに押すのをやめよう」

と考える読者のみなさんの気持ちはよくわかる。

ムリに押したりして嫌われでもしたら、その後は二度とデートに誘えなくなってしまうからである。けれども、あまりに慎重すぎるのはどうなのか。

初デートだといっても、彼女のほうだってOKという気持ちになっていることだって、あるのではないだろうか。

だとしたら、「今日は初デートだから、絶対に手を出しません！」というのは、かえって彼女を失望させることだって、あるのではないだろうか。

お互いにセックスしたい気持ちになることだって、当然、あるわけである。たとえ初デートであろうが、そんなときには自然な形でセックスすればよい。

デートレイプまがいの、ムリヤリのセックスを求めるのはもちろん絶対にダメに決まっているけれども、彼女のほうがOKサインを出しているのなら、初デートだからといって遠慮はいらない。100人中6人くらいは、そういう女の子がいるという知識を頭の片隅にでも置いておくとよい。

第2章

なにげない〝質問〟で、ヤラせてくれる女の子かどうかを知る方法

どれくらい「ショッピング好き」なのかを聞いてみる

「週末とか、ヒマなときに何してるの？」

たいていの男性は、意中の女性にそんな質問をする。もしひとりでヒマをしているのなら、自分とデートでもしませんか、と誘おうという魂胆なのであろう。

もちろん、それはそれでかまわないのであるが、もし女の子が「私ね〜、ショッピングが趣味だから、買い物とかよく行くよ」という返事が返ってくるようなら、さらにもうひとつ質問を重ねたい。

それは、**「買い物に行くときは、ほしいものがなくとも、必ず何か買っちゃうタイプ？それとも、ほしくなければ何も買わずに帰ってくるタイプ？」という質問**である。

もしこの質問に対して、「買い物に出かけたら、必ず何か買っちゃうな」と答えてくれたのだとしたら、そのまますぐにデートを申し込もう。「俺も買い物好きなんだけど、一緒にまわろうよ」と。

なぜ、ショッピング好きな女の子を誘うのがいいかというと、そういう女の子は、セックスに対しても〝ゆるい〟からである。**ポンポンと買い物をする女の子は、ホイホイとセックスをしてしまう女の子でもある**のだ。

ここが
ポイント！

「ええっ、ウソでしょ⁉」

と思われるかもしれないが、ウソではない。

それを裏づけるデータがちゃんとある。

米国テキサス州にあるベイラー大学のジェームズ・ロバーツは、ショッピングが好きな女の子は、セックスの頻度も高い傾向があることを明らかにしている。ただし、より正確に言うと、ショッピングが大好きというよりは、「買い物依存症」の女の子であるが。

ロバーツは、買い物依存症を測定するテストで、「お金がないときにでも、買い物をしてしまう」とか、「買い物に出かけると、ほしくもないものまで買ってしまう」といった項目で高得点の女の子ほど、セックスの頻度が高くなる傾向があることを突きとめた。

なぜ、ショッピングが好きな子ほどセックスもよくするのかというと、ショッピングが好きな女の子は、ショッピングをすることでムシャクシャした気持ちを吹き飛ばそうとしていると考えられるからだ。

つまり、**ストレス発散としてショッピングをしているわけで、そういう女の子ほど、「スッキリできるのなら、セックスだってOK」という意見の持ち主**なのである。

たいていの女の子は、ショッピングが大好きである。けれども、さらに詳しく質問して、「これはちょっと普通どころか、けっこう病的だぞ」というときには、セックスに対する志向性も高いと見なしてよいかもしれない。

もちろん、女の子の中には、男性にモノを買わせるためだけにデートを持ちかけてくることもある（特にキャバクラの女性）。

その場合には、みなさんはただの〝財布代わり〟にしか思われていないのだろうし、当然セックスなどさせてもらえるわけがないから、決してショッピングに出かけたりしてはならない。

「彼氏、夫への不満」を尋ねてみるのも効果的

ここが
ポイント！

女の子が、自分の彼氏や夫の愚痴を話すときがある。

こんなときは、チャンスだ。

なぜなら、うまく事を運べばセックスできる確率がきわめて高いからである。

自分の彼氏や夫の不満を並べ立てるということは、「あなたとセックスしてもいい」というサインのひとつだと解釈できる。もちろん、世の中に〝絶対〟というものはないので、あくまで目安のひとつであるが。

テンプル大学のロバート・ベルが、2200名を超える既婚女性を対象に、どういうときに浮気をしてしまうのかを調べてみたことがある。

その結果、一番多く浮気をしてしまう理由が、「夫に不満」で81％。彼氏や夫に不満を感じている人は、八つ当たりをするかのように、別の男とセックスをしてしまうようである。だからこそ、不満や愚痴をこぼしてくるときにはチャンスになるわけだ。

ちなみに、ベルの研究は複数回答で行なわれたのであるが、「夫とのセックスが少ない」ことも浮気をしてしまう理由としては二番目に高く、73％であった。

「最近、夫（彼氏）とあんまりセックスしてないんだよね〜」と女性が話しているときには、「あれれ？　ひょっとしたら僕を誘っているのかな？」とちょっぴり考えても、そんなに大きな間違いはないはずだ。

女の子が、彼氏や夫の愚痴をこぼしてきたときはチャンス。

ただし、だからといってすぐに貪欲な態度をとってはいけない。「ふんふん、なるほど、それはつらいよね……」などと相づちを打ちながら、きちんと彼女の愚痴に付き合ってあげよう。しっかりと愚痴を聞いてあげれば、その後でセックスのご褒美があるかもしれないが、それはたっぷりと愚痴に付き合ってあげた後のことである。

彼氏や夫との関係を尋ねてみて、ラブラブな関係にあるとか、のろけ話を聞かされるよ

こんなときには、**うなときには、みなさんがセックスできる見込みは限りなくゼロに近い。**「別の用事を思い出した」と断って、さっさと帰ることにしよう。

人は不満やストレスがあるときにセックスをしたくなる。セックスをすることによって、気分を回復させたいと思うのだ。だから、彼氏についての不満だけでなく、職場の人間関係の不満であるとか、いろいろな不満を口にするときにもやはりチャンスである。

この点については、次に項目を改めて論じることにしよう。

「生活全般に対する不満の高さ」を聞き出してみよう

セックスには癒しの効果がある。

そのため、ムシャクシャした気分のときに、人はセックスをしたくなる。セックスをすることで気分をスッキリさせたいと思うのであろう。これを専門的には、「**セクシャル・ヒーリング効果**」と呼んでいる。

イスラエルにあるインターディスプリナリ・センターのタッチ・アインドールは、41名の女性に18週間にわたって日記をつけさせた。

昼間にどれくらいストレスがあったのかと、その日の夜にセックスをしたかどうかの記録を調べたところ、両者には明確な関係が見られた。ストレスが多い日には、セックスも増えたのだ。

ここがポイント！

人はムシャクシャすると、無意識のうちにセックスを求めるものらしい。

ということは、**普段からストレスの度合いが高い人、すなわち、「性格的に不満屋な人」のほうが、セックスをしたがるのではないか、**と推測することができよう。

狙った女の子がいたら、毎日を楽しく、ハッピーにすごせているのかどうかを聞いてみよう。

「なんか最近、面白いことがなくてイヤになっちゃう」
「なんだか毎日、イライラしちゃうのよね～」
「私は、すぐカッとなっちゃうタイプかな」

という答えが返ってくるようなら、セックスできる可能性は高い。セックスをすることで癒しを得たいという欲求も強いと考えられるからだ。

逆に、毎日が楽しくて仕方がないとか、仕事が充実しているとか、人生がバラ色であるとか、そういう答えが返ってくるようなら、特にセックスに対する欲求も感じていないであろうと推測できる。

不満屋は、心の中に悶々《もんもん》とした気持ちを抱いているものだが、人との触れ合いは、そうした気持ちを解消するのに役に立つ。

だから、恋人がいたり結婚している人は、普通の人よりもたくさんセックスをする。恋人がいない人は、適当な相手がいないのでセックスするのに都合のいい身近な相手を選ぶ。たまたまその場に居合わせた相手をセックスの相手にすることも少なくない。

どんな人だって、生きていればそれなりにストレスを感じているものだとは思うが、たまたま仕事でイヤなことがあったとか、お客さんにクレームをつけられて不愉快な思いをしたとか、そういう「ムシャクシャした日」もチャンスである。

「失恋直後の女の子は狙い目」などという俗説がある。そちらのほうの真偽はよくわからないが、「**ムシャクシャした日の女の子が狙い目**」だというのは心理学的に正しい。

職場で理不尽な扱いを受けている女の子などがいたら、

「課長にこっぴどく怒られてたみたいだけど、大丈夫？　俺でよかったら、今晩、憂《う》さ晴らしに付き合うけど……」

と声をかけてみよう。ひょっとしたら、「棚からぼた餅」のようなことが起こるかもしれない。

単刀直入に「AVって、見たことある？」と尋ねてみるのも手

女の子だって、エッチなことに興味がないわけではない。

ただ、男性ほどには開けっぴろげにポルノやAVを見たりしないだけである。実際、女の子の中には、元カレや自分の兄弟が持っているAVを見たことがあるといった経験のある女の子は多い。

ここが
ポイント！

もし女の子がAVに興味があるとか、AVをけっこう頻繁に見るということであれば、そういう女の子はすぐにヤラせてくれる女の子のカテゴリーに属していると見なしてよいであろう。

インディアナ大学のポール・ライトは、18歳から89歳までの男女数千人を対象にした米国国勢調査の結果をもとに、ポルノをよく見る人ほど、「カジュアル・セックス」に抵抗がないことを突き止めている。

カジュアル・セックスというのは、恋人以外の人とのセックスのことである。そういうことも全然OKですよ、という女の子は、ポルノもよく見るのだ。

似たような調査は、ほかにもある。

フロリダ州立大学のナタニエル・ランバートが恋人のいる男女を調べたところ、ポルノのウェブサイトを頻繁に見ている人ほど、恋人以外の人とセックスすることにもためらいがなかったのだ。これは、男性のみならず、女性もそうであった。

たとえ恋人がいようが、セックスをしたいときにはセックスしてしまう。

そういう女の子は、エッチなサイトも好きだったのである。

女の子がパソコンやスマホで、どんなことを検索しているのかの検索履歴を見せてもらえれば一発でわかるのだが、なかなかそういうことはできないだろうから、**うまく質問で誘導して、そういうことをする子かどうかを確認しよう。**

エッチなサイトを見るとか、AVを見るとか、エッチな雑誌を読むとか、そういう傾向があれば、セックスに対してもかなり乗り気な女の子だ。セックスに対して生理的な嫌悪感を持つような女の子は、そういうものは敬遠するはずである。

「たまにエッチな動画とか見るよ〜」
「ほかの人がどんなエッチしているのかも興味あるな」

そういうことを口に出す女の子のほうが、セックスに対して抵抗がなく、偏見もなく、カジュアルなセックスが可能である。

そういうエッチな話題で盛り上がること自体、女性をムラムラさせる効果があるから、あたりさわりのないテレビ番組の話や映画の話などより、そういう話をメインに会話をするとよいであろう。

「友だち情報」でセックスに対して開放的かどうかがわかる

アメリカでは、大学生は自分の学費は自分で働いて捻出するのが普通である。日本の大学生のように、親のすねをかじって学費を出してもらうことはない。

そのため、てっとり早く学費を貯めようとするのか、セックス産業で働く女性がけっこう多いのが実情らしい。

テキサス・クリスチャン大学のシェリー・ロングは、ある仮説を思いついた。

もし自分の友だちがそういうセックス産業で働いているのなら、友だちの影響もあって、セックスに対してもそんなに抵抗を感じなくなるのではないか、と。

さっそくロングは266名の女子大学生に、のぞき部屋、ポルノ女優などで働いている知り合いがいないかを尋ねる一方で、お気軽にセックスしてしまう女性に対する印象を調べてみたのだ。

すると、仮説どおりに、知り合いがセックス産業で働いている女の子は、だれとでもセックスする女性にあまり悪い印象を抱かなかった。友だちにそういう子がいない子だけが、だれとでも寝てしまう女の子を嫌っていたのである。


ここがポイント！


知り合いに風俗で働く女友だちがいる子であれば、おそらくはセックスも気軽に考えているはずだ。

セックスはただセックスであって、お互いの性器をこすり合わせる行為くらいに思っているのではないかと思う。つまりは、セックスに対するハードルがものすごく低いと予想できるのだ。

「あなた自身は、風俗で働いているの？」

などと女の子に質問でもしようものなら、眉《まゆ》をつり上げて不機嫌な顔をされてしまうかもしれない。あるいは、本当に働いていたとしても、照れ隠しや恥ずかしさの気持ちがあるので、事実は教えてくれないであろう。

ところが、

「キミのクラスメートとか知り合いとかで、風俗で働いている子とかいるの？」

という質問に対しては、そんなに警戒もせず、「いるよ」と答えてくれる。

そして、もしそういう友だちがいるのであれば、その子自身も、自分では知らないうちに影響を受けて、セックスに対して開放的であると推測できるのだ。

友だち情報というのは、その子自身を調べるのに、ものすごく好都合である。

「男となら、だれとでも平気で寝る」という友だちがいる子は、その子自身も少しはそういう傾向がある子なのであろう。

だいたい私たちは、自分と似たようなところがある人と友だちになるのであって、まったく性格が真逆の人と友だちになるということは少ない。

したがって、**その子の友だちについての情報を聞きだせば、その子自身のことを調べるのとほとんど変わりがないくらい、詳しく知ることができる**のだ。

「出生順位」でわかるセックスに対する考え方

私たちの性格は、出生順位の影響を受ける。

第一子、すなわち、長男や長女であると、やはりしっかりした性格の大人に成長するし、生真面目で融通が利かない性格になる。ところが、弟とか妹になればなるほど、性格も大雑把でいいかげんになる。何人か兄弟姉妹がいるうちで、もっともいいかげんなのは末っ子である。

これは本人にはどうしようもできない。

どんな親も、長男や長女にはものすごく期待するし、厳しく躾《しつけ》をする。だから、どうしてもマジメな子になりやすい。初めて授かった子に対して親はものすごく一生懸命に子育てをする結果、本人も保守的で、伝統的で、杓子定規なモノの見方をするようになってしまう。

そのため、長女の女の子は、おしなべて神経質である。

カナダにあるウェスタン・オンタリオ大学のニコラス・スキナーは、女性の出生順位を調べる一方で、神経質になりやすいかを調べたところ、やはり長女ほどそうであることが明らかになった。末っ子は、もっといいかげんで、ピリピリしないタイプだった。


性格的に厳格な長女は、セックスに対してもきわめて保守的である。

まさか、今の時代に、「結婚するまでは処女でいるべきだ」という価値観を持っている女の子はそうそういないと思うのだが、長女ということであれば、その可能性も小さくはない。長男もそうであるが、長女は古臭い価値観を持っていることが多いのだ。

本書の目的からすれば、もう狙うべきターゲットはおわかりであろう。

なるべく**長女は避け、次女、あるいは末っ子あたりを狙うべき**である。

特にいいのは、兄弟姉妹が多くいる中での末っ子だ。

何人もの兄弟姉妹がいると、親もさすがに子育ての手がまわらなくて、ものすごくいいかげんになる。そのため、出生順位が下になればなるほど自由奔放に育てられる。その結果、セックスに対しても奔放な子が多くなるのである。

兄弟姉妹が2人くらいだと、そんなに性格的にも差が出てくるわけではないが、それでも少しはやはり差がある。お姉ちゃんは、やはりしっかり者が多いし、妹のほうは、どちらかというとちゃらんぽらんである。

私には、姉と妹のどちらもいるが、姉のほうはものすごく厳格な性格であるが妹はなぜこんなに自由なのかというくらいに自由である。そういう家庭環境で育ったので、出生順位によって女の子の性格が違ってくることを体験的によく知っている。

兄弟姉妹がいるのかどうかを尋ねること自体は、ものすごくニュートラルな質問であるから女の子も気軽に答えてくれるであろう。この答えを聞けば、その子がどれくらい奔放な性格なのかも、ある程度は読めるのである。

どれくらい出世欲があるかでわかる女性の心理とホンネ

男性は、女性に比べると上昇志向が強い。

そのため、会社ではどんどん出世したいと思っているし、同僚やライバルと競争するのが大好きである。

女性はどちらかというと保守的で、そういう競争をあまり好まない。むしろ、ほかの人と仲良くやっていくことのほうを願っている。

さて、第1章でも述べたとおり、男っぽいところのある女の子のほうがすぐにセックスをするタイプである。したがって、**その女の子が、どれくらい競争意欲が高いのか、権力欲が強いのかをさりげなく尋ねてみれば、すぐにヤレるタイプなのかも判別できる。**

ここが
ポイント！

カリフォルニア州立大学のエイリーン・ザーブリゲンは、21歳から45歳の男女200名に対して、どれくらい権力欲が強いのかを調べる一方で、それまでの人生でセックスした人数についても尋ねてみた。

すると、権力欲が強い人のほうが、たくさんの人とセックスしていることが明らかにされたという。この傾向は、男性でも、女性でも同じであった。

一言で言うと、男性でも女性でも、**権力欲の強い人のほうが「肉食系」**だということである。セックスに対しても、ものすごく積極的なタイプだとみてよいだろう。

「男なんかに、負けてなるものですか！」
「私は、キャリア志向なんです」
「同僚で一番の出世頭になりたいですね」

そんなことを口にしている女の子がいるとすれば、その子は権力に対する欲求が男性のように強いのであり、性格も男性的である。当然、肉食系で、セックスもどんどんするタイプだと心理学的には解釈できる。

逆に言うと、「できるだけ早く結婚して、しかも専業主婦になりたいです」とか、「あんまり出世に興味ないですね～」などと口にする女の子であれば、性格的にも女性的なタイプなのであり、すぐにヤラせてくれるような女の子ではない。

競争的で、男っぽい女の子は、あまり「女の子らしくない」ということで、男性からのウケはあまりよくないかもしれないが、そういう女の子のほうがサバサバしているので、気軽なエッチもOKしてくれる可能性が高いといえる。

ずいぶん古い話なので恐縮だが、かつて『東京ラブストーリー』というテレビドラマがあり、その中に、鈴木保奈美演じる赤名リカという女の子がいた。自分から「カンチ、セックスしよ！」と求めるセリフは当時有名になったが、女の子であっても男っぽい女の子であれば、そういうことを口にするのである。

女友だちとエッチなことを話すかどうかを質問してみよう

「女の子同士ってさ、普段、どんなことをしゃべってるの?」
まずは、この質問で探りを入れよう。
たいていの女の子は、「え〜、ごく普通のことだよ」とうまくかわそうとするかもしれないが、さらにもうひと押しして、「たとえば、エッチなこととなんかも話すの?」と質問してみてほしい。

ここがポイント！

もし友だちと、かなりきわどい話を、しかもけっこうたくさんするのであれば、その女の子はすぐにヤラせてくれるタイプの可能性が大である。「そういう話はあんまりしないかな」という答えが返ってくるようなら、セックスに対しては消極的であろう。

女性は、友だちに彼氏ができたとか、ナンパされてセックスしちゃった、という話を聞くと、「自分もおくれをとってはならない」という気持ちになる。

友だちが経験済みなのであれば、自分も経験しておかないと仲間はずれにされてしまうような気持ちになるようなのである。

友だちがやっていることは、自分もやらなければならないという心理的プレッシャーを感じることがあり、これは「**ピア・プレッシャー**」と呼ばれている。

「ピア」とは、仲間とか、友だちという意味であるが、女性は、このピア・プレッシャーにものすごく弱いのだ。

だから、友だちがこんなことをしたとか、あんなことをしたとしゃべっているのを聞かされていれば、「自分だって！」という気持ちになりやすいのである。だから、そういう女の子のほうが狙い目だと考えられるわけである。

ペンシルヴァニア大学のピーター・ブッセは、14歳から16歳の処女の女の子について、1年後の再調査までにセックスをするかどうかを調べてみた。

その際、ブッセは、女友だちとどれくらいセックスについて話すのかを調べてみたのだが、**友だちとセックスについて話す機会が多ければ多いほど、1年後までにセックスを経**

験済みになる確率が高くなることを突き止めている。

女友だちとセックスについて開けっぴろげに話せば話すほど、セックスに対して抵抗がなくなっていく。

セックスなんて普通のことなんだ、大げさなことではないんだと考えるようになる。つまりは、セックスに対してのハードルが低くなっていく。

そのため、そういう女の子のほうが、すぐにヤラせてくれる可能性は高くなる。本人に抵抗がないのだから当然である。

セックスを神聖視し、何か特別な出来事だと考えているような女の子は、友だちともそういう話をあまりしない。セックスについて世間話でしゃべっていると、セックスそのものが世俗化して見えてしまい神聖なものだと考えられなくなってしまうから、意識的にそういう話題を避けるのである。

そういう女の子とセックスをするのは、とても困難である。本人にとって何か特別な儀式だと思われているのだから、食事や散歩をするように、「はい、セックスしましょう」というわけにはいかないのだ。

恋愛系ノウハウに詳しい女性はセックスに嫌悪感がない

カンザス大学のジェフリー・ホールが2011年の『セックス・ロールズ』という専門雑誌に発表した論文によると、「愛のないセックスもOK」とか、「たくさんの人とセックスしたい」という欲求の強い人には、共通してある特徴が見られたという。

その特徴とは、恋愛系ノウハウが大好き、という特徴だ。

セックスしたがる女の子は、当然、セックスに興味があるし、どうせセックスするのであれば、できるだけ気持ちのいいセックスを楽しみたいという気持ちが強い。つまり、その点では、ものすごく勉強家なのである。

ここが
ポイント！

ということは、**女の子がどれくらい恋愛系ノウハウに興味があるのかをさりげなく質問してみれば、セックスに対する態度もある程度は読める**というわけである。

「ネットの恋愛サイトで、男の落とし方みたいなの調べたことある？」

「俺はよくわかんないんだけど、女性誌にもセックス特集みたいなのは、あるの？」

「恋愛技術について書かれた本なんかは、読んだことある？」


こんな感じで質問してみよう。

もし、セックスに興味があるようなら、セックス自体にもそんなに嫌悪感はないはずだ。

なにしろ、自分が好きで興味があるから調べているのである。興味がなかったり、嫌悪感があったりしたら、そういう本や雑誌は避けるはずであろう。


ただし、**ここで重要なのは、あくまでも恋愛ノウハウに興味があるかどうか**だ。

同じ恋愛とはいえ、ラブロマンス小説であるとか、ロマンチックな恋愛映画に興味がある、というわけではない。そういうものに興味がある女性は、〝純愛〟を求めているのであってセックスを求めているわけではない。同じ恋愛でも、方向性はまるで違うので注意しなければならない。

「どうすると男を喜ばせられるのか」

とか、

「どういうセックスが一番興奮するのか」

といったノウハウについて興味があるかどうかをさりげなく調べるわけである。

一緒にお酒を飲んでいるときなどは、そういう「下ネタ」を口にしても、そんなにイヤがられることはないので、カジュアルに質問してみよう。

気持ち悪い聞き方をするのではなく、にこやかに笑いながら質問するのであれば、女の子も答えてくれる。その返答から、そういう恋愛ノウハウの知識をどれくらい持っているのかをチェックしてみるとよい。

Column

Column

出会ってすぐに、「愛している」と言え

男性は、「好きでもない」「愛してもいない」人とでもセックスができる。愛情とセックスは別なのである。

男性は、初めて会う女の子とも容易にセックスできる。自分の好みであろうがなかろうが、愛していようがいまいが、抱くことはできる。だから、風俗という産業も成り立つ。初対面の女の子とセックスできなければ、風俗産業は成り立たない。

ところが、女の子は違う。

女の子は、「愛してもいない」人とセックスできない。

いや、完全にできなくはないのだろうが、ものすごく生理的に嫌悪感がある。

シドニーにあるケープ・ブレトン大学のウィリアム・マーサーは、「愛していない人とのセックスをしてどう思うか」と質問したとき、「イヤな気持ちになる」と答えたのは男性のわずか11％であったのに、女性では57％であることを明らかにしている。

愛していない人とセックスしても、ほぼ9割の男性は満足できる。気持ちよければそれでいいのだ。女性の約6割がイヤな気持ちになってしまうのと好対照である。

女の子は、愛していない男性とは基本的にセックスはしたくない。

では、女の子とすぐにセックスするにはどうすればいいのかというと、女の子の心の中に「愛している」という気持ちを醸成してあげればよいのである。

そのためには、こちらから「愛している」という言葉を言いつづける必要がある。

出会った瞬間から、「あなたを愛している」と言おう。当然、女の子は冗談だと思うであろう。しかし、5分おきに、「僕はあなたが好きだ」「愛している」と言いつづけていると、女の子のほうも次第に、「本当に私を愛しているのかも？」と思うようになっていく。

Column

くり返し「愛している」と言っていると、それが催眠暗示のような効果をもたらし、女の子自身も自分が愛されていると信じ込むようになる。

さらに、男性から愛情を受けたら、自分からも愛情を返さなければならないと思うようになり、自分の心の中にも、愛情のようなものが芽生えてくる。こうなれば、セックスしてもOKという心理状態になる。

平均的な男性が、かりに1ヶ月に10回くらい「愛している」と言うところを、あなたは出会って1時間で10回「愛している」と言えばよい。そうすれば、出会って2時間、3時間しか経っていなくとも、女の子とセックスできる。

女の子は、セックスすること自体が嫌いなのではない。「愛してもいない」男性とセックスするのがイヤなのである。

だから、男性のほうから愛情をとにかくどんどん示してあげ、女の子に自分が愛されていることを感じさせてあげることが重要である。たくさん愛されれば、女の子のほうもみなさんに愛情を感じるはずで、愛があればセックスするのは自然な流れになる。

第3章

まだまだある「すぐヤラせてくれる女」の見抜き方

若い子より、少し年上の30代、40代をターゲットにしろ

たいていの男性は、若い女の子が好きである。若い女の子のほうが人生経験もそんなにないし、恋愛経験もそんなにないと思うので、自分にでも軽くだませるのではないかと考えてしまうのであろう。だから、たいてい若い女の子を口説こうとする。

しかし、その戦略は明らかに間違い。

間違いも間違い、大間違いである。

実際には、**若い女の子のほうがはるかにガードが固い**。若い女の子は、男がスケベな目で自分を見ていることをちゃんとわかっている。「ああ、こいつは何かたくらんでるな」と、簡単に見抜いてしまう。警戒心が半端なものではないから、すぐにセックスに持ち込める、などとは期待できない。

その点、ある程度、年齢が高くなってきた女の子は違う。

そういう女の子のほうが、サバけた考えをしているので、カジュアルなセックスにもそんなに抵抗がない。あくまでも「気が合えば」というのが絶対条件になるわけだが、それでも**出会ってすぐのセックスに抵抗がないのは、年配の女性**なのである。

ここがポイント！

本当に食事だけのつもりでも、大学を卒業したばかりの女の子を誘ったところ警戒されて断られてしまった、という経験のある男性読者も多いのではないかと思う。30代くらいの女の子のほうが、気軽にＯＫしてくれる。

アリゾナ州立大学のポール・モンギューは、大学生１８９名と、86名の年配者（30代から40代くらい）を対象に、最初のデートでどれくらいセックスしたいのかを尋ねてみた。すると、大学生の女の子ではわずかに５・６％だったのだが、年配の女性では８・６％だったという。「たった３％の差じゃないか！」と思われるかもしれないが、この差は大きいと私は思う。

ただでさえ、女性は最初のデートからセックスするのを拒むものであり、セックスに抵抗がない絶対数は少ないのである。だからわずか３％でも高い年配者のほうが、確率論的にはセックスできる可能性も高くなる。

ちなみにモンギューの調査によると、男性で最初のデートからセックスしたいのは、大学生では21・2％であり、年配の男性では24・0％であった。

若い人のほうがガツガツしているようなイメージがあるが、実際には、年配者のほうが、男性でも女性でも、ガツガツしていることになる。


男性なら、だれでも若い女の子が大好きだと思うが（私も男性なのでそうである）、**すぐにヤル、という目的からすれば、もう少し年齢が上の層を狙ったほうがいい。**

もちろん、それでもやっぱり「絶対に若い女の子がいい」というのであれば、それはそれでかまわない。本項のお話は、あくまでも確率論でのお話なので、20代の若い女の子の中にもセックスが大好きという女の子はいるであろうし、そういう子を探せばいいのである。

自分に気があるかどうかを見抜く裏テクニック

女の子としゃべっているとき、その子がどんな姿勢をとっているのかを観察してみてほしい。

もし**自分がとっている姿勢と、同じような姿勢を仲良くとっているのだとしたら、それはあなたに気がある証拠**だ。

ここが
ポイント！

私たちは、お互いの波長がぴったり合うと、なぜか姿勢も同じ姿勢になってしまうのである。同じ対象を2人で同時に見つめたり、お互いに頬杖をつきながらしゃべっていたり、同時に足を組み替えたり、2人で同時にコーヒーカップに手を伸ばそうとしてみたり、といった行動が増えるのだ。

これを心理学では、**「姿勢反響」**とか、**「シンクロニー」**などと呼ぶ。

「あっ、この男の人って、ものすごく話しやすい」
「あれっ、彼と私って、相性がいいのかな」
「なんだろう、ものすごく楽しい」

そう感じた女性は、自分では気づかなくとも、目の前の男性（つまり読者のみなさん）と同じような姿勢をとったり、行動をとったりする。もし、心を開いていなければ、そういう姿勢の一致はめったに見られない。

米国バルチモア大学のサリー・ファーレイが行なった会話の実験では、おしゃべりしているとき、相手に魅力を感じている場合には、同時の姿勢をとるシンクロニーがものすごく多く観察されたそうである。

会話が終わったところで、パートナーについての評価を求めると、会話中にシンクロニーが見られたケースでは、「すごくいい人だった」とか、「もう一度会いたいです」という高い評価が得られたというのだ。

昔からの友人であるとか、おさななじみであるとか、何十年も連れ添った夫婦では、驚くほどシンクロニーがたくさん見られるのであるが、たとえ面識がなく、初対面であっても、気が合う場合には、やはりシンクロニーは増える。

だいたい30分から1時間もおしゃべりしていれば、女性が自分と同じ姿勢をとったりするかどうかの確認ができるはず。

もし、シンクロニーがたくさん見られたと思うのであれば、「ちょっとお店を変えよう」などと提案してみよう。乗り気な女の子であれば、2軒目も、3軒目も付き合ってくれるだろうからだ。

女性の「シャツの開き具合」に注目せよ！

男性は、女の子の胸元をよく見る。

特に、女の子がものすごくおっぱいが大きかったり、胸元の開いたシャツなどを着ていると、視線がそこに釘づけになることも珍しくはない。

たいてい自分の下心を満足させたいために胸に視線を注いでしまうのだろうが、もう少し頭を冷やして、その女の子がどんなタイプなのかを冷静に判断したい。

胸元が開いたシャツを着ている女性は、どんなタイプなのか。

一言でいうと、「性的関心が高い」といえる。

これは、日本児童画研究会会長だった浅利篤さんが『色と心　だれでもできる色彩性格診断』（致知出版社）で指摘しており、また、カリフォルニアで結婚カウンセラーをしているキャロリン・シモンズの論文でも指摘されている。

男性を誘惑したい女の子は、どうすれば男性に注目されるのかを知っており、胸元のアピールをしたがるのだという。

ここが
ポイント！

シャツの第一ボタンだけでなく、第二、第三ボタンくらいまで開けている女の子は、性的関心が高いと見なしてよい。そういう女の子は、もともと男性を誘惑したいという欲求を持っているわけだから、すぐにヤラせてくれそうな女の子のカテゴリーに入れても問題はないであろう。

シャツの開き具合は、心の開き具合をあらわす。

だから、シャツのボタンが開いていればいるほど、心も開いているとみなしてよいわけだ。

シャツのボタンをあまり開けず、しっかりと留めているような女の子は、ガードが固いともいえる。もちろん、そういう女の子だって、しばらくおしゃべりをして気を許したりすると、ボタンを1つ多く開けたりする。そういうタイミングを狙うのであれば、口説き落とすことも可能だ。

ドレスを着た女性もそうで、**背中が大きく開いているドレスを好む女の子は、やはり性**

的関心が高いタイプだと見なしてよい。胸のほうでなく、背中のほうを開くということは、表面的には無関心を装いながら、本心では性に対してものすごく積極的であることを示唆《しさ》している。

また、胸のアピールということでいうと、**男性を誘惑したいと思っている女の子は、胸元によく手を持ってくるしぐさをする**らしい。

これはシモンズが指摘していることであるが、「私は……」と言いながら、胸に自分の手を当てたり、あるいは胸元のネックレスをもてあそぶようなしぐさが見られたら、やはりOKサインだと考えてよいだろう。

女性の「排卵期」のタイミングを狙え

女性は、なぜか妊娠しやすい期間にムラムラしやすくなる、というデータがある。

結婚していたり、恋人がいたりするのに、なぜか妊娠しやすいタイミングで浮気したくなるという、信じられないような事実も、科学的に明らかにされている。

そんなタイミングで浮気などしようものなら、夫以外、彼氏以外の男の子どもを妊娠してしまうリスクが高まってしまうはずなのに、なぜか女性はそういうときにこそ、浮気したがるようなのだ。

英国マンチェスター大学のマーク・ベリスは、2708名の女性の浮気データを調べたところ、1ヶ月でもっとも妊娠しやすい期間（月経開始の9日目から14日目、ピークが排卵日の12日目）のときに、婚外性交渉（つまり不倫）の割合が高まることを突き止めた。

それ以外の日における、婚外性交渉の確率は、ゼロから、せいぜい1、2%。
ところが、もっとも妊娠しやすいピークの12日目には、なんと4%近くにまで増えるのだという。

ここがポイント！

女性が、「ま、いいか」とつい気を許し、ついでに身体も許してしまうのは排卵期のタイミングであるといえる。当然、狙い目はこのタイミングであろう。釣りでいうと、朝の早い時間帯と、夕方くらいの時間帯が一番釣れるといわれているが、女性をモノにできるタイミングは、排卵期なのである。

「そんなこと言ったって、外から見ただけじゃ、排卵期かどうかなんてわからないじゃないか！」
読者のみなさんは、そう思うであろう。しかし、この点についても問題はない。
どうやら男性は、排卵期の女性について、特有の匂いか、あるいはフェロモンのようなもので嗅《か》ぎ分けられるようなのである。

「あれれ、普段よりずっと魅力的に見えちゃうぞ」
「なんだか、○○ちゃん、今日はずっと色っぽいな」

と感じられるのだとしたら、その彼女は排卵期である可能性が高い。**男性は、無意識のうちに、排卵期の女性に気づくのである。**

そう指摘しているのが、ニューメキシコ大学のジェフリー・ミラー。

ミラーは、ストリッパーの女性にお願いして、毎晩、お客からもらったチップの記録をつけてもらった。また、月経周期についても教えてもらった。

すると、妊娠しやすい時期（月経開始の9日目から15日目）にもらった5時間のシフトでのチップは平均335ドルであることがわかった。

ちなみに、月経前の5日間でもらえたチップは平均185ドル、月経が終わった後の10日間（18日目から28日目）では、平均260ドルであった。

なぜか、妊娠しやすいタイミングでのみ男性客からのウケが飛躍的によくなり、チップも爆発的に増えたのである。つまり、そのタイミングの女性は、ものすごく魅力的に見えてしまう、ということだ。

狙うのであれば、排卵期の女性で、それを見抜くための手がかりは、普段より色っぽく見えるかどうか。そんなところに注目するとよいだろう。

〝落ちる女の子〟は「匂い」で嗅ぎ分けろ

排卵期の女性を見分けるコツは、ほかにもある。

それは、**女の子のそばにこっそりと近づいて、匂いを嗅げばいい**のである。その匂いを嗅いで自分がムラムラしてくるようなら、その女の子は排卵期である可能性が高い。

具体的に「どんな匂いなの？」と言われても、私もわからないので困ってしまうのであるが、排卵期の女性は、どうも男性をムラムラさせる独特の匂いを発しているようなのである。

フロリダ州立大学のソール・ミラーは、4人の女性に頼んで、妊娠しやすい月経開始の13日目から15日目の3日間、支給されたTシャツを着て夜に寝てもらった。Tシャツは朝起きるとすぐに特殊なパックに入れて、ほかの匂いがつかないようにした。こうして3日分のTシャツを集めたのである。

さらに、彼女たちには妊娠しにくい20日目から22日目の3日間にも、同じようにTシャツを着て寝てもらった。そして、同じようにそのTシャツをすぐにパックに入れて匂いを保存しておいた。

こうしてひとりの女性につき、6枚ずつのTシャツを集めたわけであるが、ミラーはそれを37名の男性に匂いを嗅がせてみた。匂いを嗅がせる前後には、男性の唾液を採取し、テストステロン（男性ホルモン）値の増減を調べてみた。

すると、妊娠しやすい女性の匂いを嗅いだときにのみ、男性のテストステロン値は上昇したのである。妊娠しにくい女性のTシャツの匂いでは、テストステロンは上昇しなかった。

このデータは、**男性が排卵期の女性の匂いを嗅ぎ分けられる**ことを示している。

私がこの実験に参加したわけではないので、どんな匂いなのかが予想もつかないのであるが、ともかくたいていの男性には、そういう能力が備わっているといえよう。

ちなみに、テストステロン値が上昇するということは、身体が活性化しているということ

ここが
ポイント！

とであるから、**もし女の子の匂いを嗅いで、自分の身体がカッカと火照《ほて》ってくるように感じるとか、ムラムラしてくるように感じるのなら、それは排卵期の女性の匂いの影響を受けているということである。**

「なんだか、今日はやたらに○○ちゃんのそばにいると興奮しちゃうな」と感じるようなら、それはその女の子が排卵期にあるということである。

そして、すでに述べたようにそういうタイミングの女の子は、なぜかセックスもしやすくなるのである。ということは、口説くのによいタイミングだということだ。

「いつもより多く肌を露出させている女性」は口説きやすい

排卵期の女性は狙い目ですよ、というお話をした。

この話をもう少しつづけたい。

女性は、排卵期になると男性を惹きつけたいと思うのか、なぜか肌の露出も多くなる。

自分ではそんなことを意識していないのだろうが、女性は肌を多く露出するのだ。

普段は、重ね着ばかりであるとか、地味な服装を好む女の子でも、排卵期は別。

妊娠しやすいタイミングになると、男性を惹きつけたいという気持ちが高まるのか、性的にムラムラするのか、その辺のメカニズムはよくわからないのだが、とにかく男性の目を惹きつけるような服装を好むようになる。

カリフォルニア大学ロサンゼルス校のマーティ・ハセルトンによると、女性は、排卵期になると、より多くの肌を見せるファッションを選びやすくなるらしい。普段はパンツルックばかりなのに、なぜかスカートをはくようになったりするというのだ（『なぜあの人はモテるのか？　科学が解き明かす恋愛の法則』久我羅内著、ソフトバンク新書）。

「なんだか、今日はエッチな格好をしているな」
「なんで、今日は胸の開いたシャツを着てるんだろう？」
「今日は、色っぽく見えるけど、合コンか何かがあるのかな？」

男性は、女性の服装の変化には基本的に鈍感なものであるが、そんな鈍感な男性でもわかるくらい、大きく女の子の服装が変わることがある。そのタイミングは、排卵期に入ったということである。

ちなみに、**排卵期の女性は、メイクも変わる。**

普段は、ファンデーションを少し塗るだけでメイクをあまりしない女の子も、排卵期になると少しけばけばしいメイクをする。チークを塗ったり、唇をアピールするリップを塗ったりする。そうすることで、「私を口説いてもOKですよ」というサインを男性に示そうとしているのかもしれない。

たいていの動物には、発情期というものがあり、発情期になるとあきらかな身体変化が起きる。顔やお尻、身体の一部が赤くなったりするのである。

人間の場合、はっきりとした発情期はないとされているわけであるが、ものすごく微妙な形であっても、やはり発情期を示す外見上のサインが自然に出されてしまうのかもしれない。

ここが
ポイント！

ともあれ、**普段に比べて、ものすごく色っぽく、魅力的に見える女の子がいたら、声をかけて誘ってみることをオススメする。**いつもはガードが固く、食事に誘ってもけんもほろろに拒絶してくるような女の子でも、「たまには、お付き合いしますよ」と言ってくれるかもしれない。

「ネクタイ好きな女の子」はセックスへの関心が高い

女の子は、たいてい男の上半身であるとか、顔だちをよく観察するものであるが、中には「私、男性のネクタイに自然と目がいっちゃうんです」という女の子がいる。

そういう女の子は、セックスへの欲求が高いと見ていい。

なぜなら、**ネクタイというものは、男性のセックス・シンボルだから**である。ペニスの象徴であるわけだから、そこに目がいくというのは、セックスに対して不満があるか、あるいは強い欲求を感じているかだと判断できるわけだ。

ジェームズ・レイバーの書いた『モデスティ・イン・ドレス』という古典的な本でも同様の指摘がなされている。ネクタイの形は、無意識のうちに男性器を連想させる対象なのだ。

ここが
ポイント！

「ネクタイが大好き」という女性は、「ペニスも好き」と言っているのとほぼ同じだと解釈できる。ムリヤリな解釈だとか、こじつけの解釈だと感じる人もいるかもしれないが、心理学的には一応そう解釈できるのである。

結婚した後で、夫が出勤するときに、ネクタイを締めてあげるのが好き、という奥さんがいるとしよう。

そういう奥さんの行動は、心理学的に言うと、「あなたのペニスは私のものなんですからね。これを触れるのは私だけなんですからね。ほかの子なんかに手を出してはいけませんよ」という意味を込めているのかもしれない。うがちすぎだと思われるかもしれないが、深層心理的にはそう解釈できる。

また話は変わるが、男性は気になる女性が目の前にきたりすると、自分のネクタイを締めなおしたり、結び目に手をやってもてあそぶような行動が増える。

なぜ、気になる女性が現れたとたん、自分のネクタイを触り始めるのかというと、そうすることによって、「僕自身の男性器も、これと同じくらい立派なんだよ」というアピールをして、女性の関心を引きたいためである。そのため、ネクタイを締めなおす行動を、動物の求愛になぞらえて〝**疑似求愛行動**〟と呼ぶ研究者もいるくらいだ。

「スーツを着て、きちんとネクタイを締めている男性が好き」という女の子は、けっこう多いが、特にネクタイにこだわりのある女性は、セックスへの関心が高い可能性がある。

もちろん、そうでない可能性だっていくらでもあるわけであるが、下ネタなどをどんどん話題に出して反応を見てみよう。イヤそうな顔をするのでなく、話に乗ってくるようなら、セックスへの関心が高いと見て間違いはない。

お酒が大好きな女の子は、すぐにヤラせてくれる

すぐにヤラせてくれる女の子は、たいてい行きつけのお店を持っている。バーであったり、居酒屋であったり、お店の業態はいろいろであるが、ともかく「お酒を出してくれるお店」ということでは共通している。彼女たちは、お酒が大好きなのだ。

「私は、お酒が一滴も飲めません」

という女の子は、なかなか落としにくい。下戸の女の子は、あまりセックスに対してもくだけた態度はとらないものである。

お酒を飲む人ならわかると思うのだが、**お酒を飲んで酔っ払ってしまうと、たいして好きでもない相手でも、「今日だけは、いいかな?」という気分になるもの**である。

理性を司《つかさど》る脳みそがマヒするので、異性が魅力的に見えて仕方がなくなる。これをオ

ーストラリアのボンド大学のマイケル・リヴァーズは、「**ビア・ゴーグル現象**」と名づけた。ビール（ビア）を飲んで酔っ払うと、色メガネ（ゴーグル）をかけさせられたときのように、とたんに異性が魅力的に見えてくる、というのである。

リヴァーズによると、これには男女差はないらしい。

酔っ払うと、だれだってムラムラしてくるのである。

そのため、「お酒が大好き」という女の子のほうが、「いきおいでヤッちゃった」という経験をたくさんしている。

男友だちとヤッちゃったとか、職場の先輩とヤッちゃったとか、取引先の人とヤッちゃった、という話は枚挙にいとまがないほど私も耳にしたことがある。

米国ケンタッキー州にあるルイビル大学のメーガン・マントスは、18歳から25歳までの339人を対象に、「1回だけのセックスを、10週以内にした人」についての研究を行なってみた。

どういう人ほど、1回だけの行きずりセックスをしてしまったのかを調べてみたのだが、性的にゆるい人の73％が、調査期間の10週間で最低でも1回は行きずりのセックスをしており、しかもそういうタイプに多いのが「お酒が大好き」なタイプであることが判明したという。

ただし、マントスの研究では、男女が込みで分析されており、詳しい内訳についてはわかっていない。男女差については論文の中でも明記されていないことから、おそらく男性でも、女性でも、お酒が大好きなタイプほど行きずりのセックスをするという傾向があったということなのであろう。

ありがたいことに、お酒が大好きな女の子は一発でわかる。

バーに出かけて、そこにひとりでやってきている女の子を見かけたら、お酒が大好きなタイプだと見なして間違いはない。

なぜなら、お酒が飲めないとか、そんなに好きではないという女の子は、そもそもバーに来たりしないからだ。

ここがポイント！

街中で女の子をナンパしようとするより、バーに出かけ、そこで女の子を探したほうが、セックスできる女の子を見つける成功確率は高くなる。それぞれの地元には、「ナンパできる」という評判や噂のあるシングルズ・バーなどが探せばあると思うので、そういう場所に出かけるのがてっとり早い方法である。

自分の持ち物に名前などをつけている女の子が落ちやすいワケ

自分の持ち物に名前をつけている人がいる。ペンケースや手帳、ぬいぐるみ、自家用車に名前をつけて、「○○ちゃん」などと話しかけている女の子だ。

こういう女の子は、人一倍寂しがり屋である。

カナダにあるマギル大学のジェニファー・バーツによると、孤独な人ほど、人間でないものにまで人間性を感じやすくなるのだという。そして、目覚まし時計であるとか、おもちゃであるとか、自動車などを擬人化する傾向が強いというのだ。

寂しがり屋の人ほど、人肌が恋しくなり、セックスへの欲求も強くなることから考えれば、**「モノに名前をつけて呼んでいる女の子」は、まさに狙い目**だということになる。

ここが
ポイント！

寂しがり屋の女の子は、犬や猫などのペットを飼っていることが多いという俗説もあるが、こちらについては残念ながら、私も裏づけとなる論文を調べることができなかった。

けれども、犬や猫を擬人化し、「○○ちゃん」とか「○○クン」などと人間であるかのように扱っているのだとしたら、やはりペットを飼っている女の子は寂しがり屋なのだと見なしてもよさそうである。

私たちは、寂しい気持ちが強くなると、人間でないものにも「人間らしさ」を感じてしまうようである。そうすることによって、寂しい気持ちをなだめようとするのだ。だから、より人間らしく感じられるように、名前などをつけたりするのであろう。

寂しがり屋の女の子ほど、人と親密に接したいという気持ちが強いから、それだけ口説き落とすのも簡単のように思われる。

デラウェア大学のスコット・カプランによると、寂しがり屋の子は、ネットでのやりとりを好むそうである。だれでもいいから、とにかく結びついていたいのであろう。

けれども、ひとつ注意点があって、そういう女の子は、寂しがり屋なだけに、ものすごくかまってあげなければならないという面倒くさいところがあるのだ。

かりにお付き合いするようにでもなると、一日に何度もメールや電話で連絡を取り合わないと不安になってしまうだろうし、ストーカーになってしまう危険性だってあるかもしれない。あるいは、セックスしてすぐにやり逃げしようとしても、そう簡単に逃げられなくなるかもしれない。

セックスするのが簡単でも、その後にものすごく面倒な思いをするくらいなら、最初から手を出さないのが賢明ということもあるだろう。

そのあたりの判断については、よくよく女の子をチェックしてみる必要があるのであるが、「ちょっとヤバい子かな」と思われるような言動が見え隠れするようなら、あえて手を出さないことをオススメする。

派手な女の子は、意外にも「押し」に弱い

派手な色の髪型をし、派手な服装に身を包んだ女性は、なかなか近寄りがたいオーラを振りまいている。地味な男性などは、そのオーラに圧倒されて声もかけられないのではないかと思う。

しかし、意外や意外、派手な女の子のほうが、実は押しに弱いのである。

「私のことを、たくさん見なさい！」という自己顕示欲の強い女の子のほうが、実は、グイグイこられると断れないというやさしい性格だったりするのだ。

派手な女の子は、自分のことしか考えていないようでいて、実は、ものすごく他人思い。

「他人にどう見られるのか」をつねに意識しているということは、それだけ他人の気持ちにも敏感だということである。

そのため、相手に強く出られると、「断ると、関係がマズくなっちゃうかも？」という判断が働くようで、本当は断りたくとも断れないことが多々あると考えられるのだ。

ケース・ウェスタン・リザーブ大学のジュリー・エクスラインは、他人に見られる自分をどれくらい意識するのかというテストを実施する一方で、イヤなお願い（食べたくもないお菓子をムリにすすめられるなど）を、どれくらい断れないかを調べてみた。

すると、他人に見られる自分を意識するテストで高得点だったグループでは、イヤなお願いにも66％は「イエス」と答えてしまうことが明らかにされた。きちんと断れるのは34％だったのである。

ここが
ポイント！

自分がどう見られているのかが気になる派手な女の子は、不思議なことに押しに弱い。

男性がムリに求めてきたときにも、「断ったりしたら、もう二度と会ってくれなくなっちゃうかも」という判断をして、セックスに応じてくれる可能性がある。自分がイヤでも相手のことを思うと断れないのだ。

不良の女の子の中には、ものすごく派手な格好をしているくせに、気立てがよくてやさしい女の子もけっこう多い。見られる自分を意識できるということは、それだけ他人に対しての気配りも上手だったりする。

「僕は、派手な女の子はそれだけでＮＧ」と考える男性は多いのではないかと思われるが、見た目のイメージほど、彼女たちはそんなに悪い子ではない。

ギャルっぽく見える服装をしているからといって、不良っぽい格好をしているからといって、それがそのまま彼女が悪い女の子である、という証拠にはならない。実際に付き合ってみると、けっこう気配り上手なところがあって、驚かされることも多いのではないかと思う。

キャバクラでもそうで、一番派手な感じの女の子のほうが、お客さんに食事に誘われてもなかなか上手に断れないことが多いと聞く。断られるお客さんがかわいそうだなと思うと、そんなに邪険にも断れない、というやさしさを持っているのだ。

新入社員を「セックスしてもいいかな」と思わせる方法

だいたいどのような組織においても、一番下っ端の人間が一番弱い。彼らは、上の人の命令には逆らえないものである。

会社において、パワハラされたり、セクハラされたりするのは、どんな人か。

それは、立場が弱い人間と相場が決まっている。

コネチカット大学のジェリー・カラムは、523名の大学生を1年生のときから4年生になるまで追跡調査してみた。何を調べたのかというと、飲み会でどれだけほかの人からお酒を強要されるかである。

その結果、男性では1年生でも4年生でも「飲め」と強要されるのが、飲み会全体のうちの50％ぐらいだったのに、女の子は1年生のときが69％と高く、学年が上がるたびに強要されなくなって、4年生になると55％になっていた。

つまり、女の子は、1年生の下っ端のときにイヤなことを強要されやすいのである。

会社でも同じく、1年目の女の子ほどイヤなことを強要されるであろう。

もちろん、立場が下の女の子に自分の立場を振りかざして迫ったりするのは情けない男のすることであるが、そうはいっても、**下の人間のほうが口説きやすい、**ということはあるかもしれない。

そして、もっとも下っ端の人間といえば、新入社員。

したがって、**新入社員が一応は狙い目**だと考えられる。

相手が新入社員であれば、そんなに緊張しないで話すことだってできるだろう。なにしろ、自分のほうが立場が上だからである。気楽におしゃべりもできるはずだ。それにまた、自分のほうが当然仕事もできるので、カッコいい姿を勤務時間中にアピールすることもできよう。

狙うのは新入社員のほうがいいが、自分の権力を振りかざして、「俺とセックスしないと、クビにするぞ」とか、「遠くの外国に行ってもらうぞ」などと脅すのはダメである。それはただのパワハラであり、立派な犯罪行為になる。

そんな脅迫をしなくとも、ごく普通に接しているだけで、むこうもあなたに好意を抱いてくれるのではないかと思う。

ここがポイント！

たいていの女の子は、自分にやさしく仕事を教えてくれる先輩や上司が大好きだから、仕事ができるところをアピールしていれば、十分に尊敬されるし、セックスしてもいいかな、という気持ちになるのではないか。

それに、もともと新入社員ほど、ほかの先輩たちからはイジメられやすい傾向があるから、そんな彼女を守ってあげるだけでも、あなたの株は上がるのではないかと思う。

みんながイジメているとき、颯爽《さっそう》と、「〇〇ちゃんはまだ1年目なんで、そんなにイジメないでくださいよ」とさりげなくかばってあげれば、女の子も心が動くのではないかと思われる。

一線を越えやすいのは「見た目重視」の女の子

「男を選ぶときって、外見と、内面のどっちが重要？」

女の子に、こう質問してみるといい。

そして、もし「内面かなあ？」という返事がかえってきたら、そういう女の子は残念ながらすぐにヤラせてくれる女の子ではない。早々に身を引くのが正解になる。

ここがポイント！

狙うべきは、「絶対に外見でしょ。内面がよくたって、イケメンじゃなかったら絶対にヤダ！」という女の子。こちらのタイプこそ、読者のみなさんのアプローチすべき女の子である。

外見重視の女の子は、すぐに恋に落ちる。

内面重視の女の子は、なかなか恋に落ちない。

こういうルールがあるのだ。

ニューヨーク州立大学のスーザン・リーラは、127名の大学生を調査し、恋に落ちるのが早い人と、なかなか恋に落ちない人を分類する一方で、性格と外見のどちらを重視するのかも調べてみた。

すると、恋に落ちるのが遅い女性ほど、男性に求めるものが「性格」であり、32％が性格を挙げた。恋に落ちるのが早い女性の場合、「性格」を挙げたのは14％である。

なかなか恋に落ちない女の子は、男の内面を重視する。内面を知るまでは、恋に落ちない。そして、内面というのはそんなに簡単にわかるものでもない。何ヶ月もじっくりと付き合わなければ、内面などなかなかわからないものだ。だから、恋に落ちるまでのスピードも遅くなってしまう。

その点、外見というのは、一瞬で判断できる。見たままだからだ。見ただけでカッコいい男性は、深く付き合わなくともカッコいいことはわかる。

だから、**外見重視の女の子ほど、すぐに恋に落ちてくれる**のである。

「でも、内藤先生。僕はすごくブサイクなんですよ。見た目で勝負できないんですけど……」

と思われる読者もいらっしゃるであろう。

しかし、大丈夫。

見た目を磨くのは簡単だ。髪を少し伸ばして、オシャレな感じにすれば、だれでもそこそこイケメンっぽく見えるものだからである。

俳優やモデルの中にも、「よくよく見ると、そんなにイケメンでもないよね？」という男性はいくらでもいる。彼らは、髪型とオシャレでごまかしているのだ。

ネットで「そんなにイケメンではない俳優」と入れて検索すると、たくさんの有名人の画像が出てくる。そういう画像の中から、自分の顔だちに一番似ている俳優やモデルを選んで、その人の髪型などを真似すれば、みなさんだってそれなりにカッコよく見えるはずなのだ。

「離婚歴のある女」は、意外に落ちにくいから注意!

離婚歴のある女性は、きわめて口説きにくいタイプに属することが多い。

いろいろな理由があるのだろうが、離婚したということは、大変な心理的苦痛があったはずである。気軽に離婚するということはまずなく、離婚するに至るまでには、いろいろな葛藤や苦痛を感じていたことは容易に推察される。

そんな女の子は、全般的に男性にも嫌悪感を持つ。


「もう、男はこりごり」

「もう、男なんていらない」

「二度と結婚なんてまっぴら」

というケースが増えるのも当然であろう。

ミネソタ大学のパトリシア・フレーザーは、30歳以上の離婚経験者についてのアンケートを行なっているが、離婚を経験した女性は、「もう結婚なんてしない」という気持ちが強くなることを突き止めている。不思議なことに、離婚を経験した男性はそんなこともなかった。縁があれば、二度目の結婚にも意欲的なのである。

離婚した女性は、シングルでいることを選びやすい。

そのため、恋愛自体にも消極的になる。

離婚しているだけに、かりに恋愛するとしてもきわめて慎重で、軽はずみなことはしなくなる。「すぐにセックスしてしまう」ことなど、彼女たちにとっては論外であろう。

ここがポイント！

したがって、**すぐヤルということからすれば、離婚歴のある女の子はそんなによいターゲットではない**と考えられる。

ただし、離婚歴があるといっても、ほかに男を作って自分から離婚を切り出したような女の子の場合は、当然、違う。

そういう女性は、基本的に男性が好きなのであり、そういうケースなのであれば、みなさんのターゲットに含めてよいかもしれない。

また、若い頃に勢いで結婚し、すぐに離婚したような女の子の場合であれば、離婚歴があったとしても、「二度と結婚しない」という気持ちにはならないだろうし、気の合う男がいれば、恋愛だって、セックスだってしたいと思うであろう。

ちなみに、人間というのは失敗から学ぶところがあるから、**離婚を結婚している人は、パートナー探しのときにも、ものすごく厳しい目で相手を見る傾向がある。**二度と失敗しないようにと注意しているから、細かいところもチェックし、よほど気に入った相手でなければ恋に落ちない。

その意味では、やはり落ちにくいターゲットであるとはいえるかもしれない。

セックスしたいのに、女の子がその気持ちを隠すのはなぜか？

女の子は、基本的に自分からエッチがしたいとか、そういうことは言わない。

たとえそういう気持ちがあっても、基本的には、そういう欲求は隠そうとするものである。


「遊んでる女の子と思われちゃうかも？」

「いやらしい女の子だと思われちゃうかも？」

「はしたない女の子だと思われるのはイヤ」

そんなことを考えるのか、ともかく女の子は、自分の気持ちをあまり大っぴらに出すことはない。

告白するときもそうで、女の子は基本的に「待ち」の姿勢をとるものであって、自分から好きな男にアタックしていく、ということは少ない。

マサチューセッツ工科大学のジョシュア・エイカーマンが数十組のカップルについて、「先に告白したのは、どっち？」と尋ねてみたところ、70％は男性が先であった。

ちなみに、エイカーマンが知り合ってから告白するまでの日数を調べたところ、男性は平均97・3日、女性が138・9日であった。

男性は知り合ってから3ヶ月ほどで、女性は知り合ってから6、7ヶ月ほどで告白するらしい。

一般に、女性は、恋愛に関しても、セックスに関しても自分からはあまり動かないと考えたほうがいい。

女の子のほうから求めてくるというのは、よほどのことである。よほどの勇気を振り絞って求めてきたのだと思って、疲れていてとてもセックスする気にならないのだとしても、その求めに応じてあげるのが大人の男性であろう。

ともあれ、**女性はセックスをしたいときにも隠そうとする。**

しかも、困ったことに、女の子は、感情を隠すのがうまい。

男性の場合、顔を見ていれば、だいたいどんなことを考えているのかがわかる。怒っているなとか、不機嫌なんだろうなとか、うれしいんだろうな、ということは、顔色を見ていればすぐわかる。

ところが、女の子の場合は、それがわからないのである。

楽しそうに見えても、内心ではものすごく退屈しているとか、無表情なのに実はまんざらでもない喜びを感じているという場合は、すごく多い。それだけ、女の子は感情コントロールがうまいのである。

男性からすれば、「あんまり乗り気じゃなさそうだから、告白しないでおくか」とか、「今日は全然、セックスできる雰囲気じゃないな」と感じられるようなときでも、女の子がどう思っているのかは、正直なところ、わからない。本当は、告白してほしいとか、セックスに誘ってほしい、と思っていることもあるだろう。

では、どうやって女の子の本心がわかるのかという話になるわけだが、こればかりは、

ここが
ポイント！

もう直接的に聞くしかない。

「僕が今晩誘ったら、OKしてもらえますか？」という直球を投げ込んで、彼女がどう打ち返してくるかを確認するしかない。返事をしなくとも、顔を赤らめてうつむくようであればもうひと押しすればいいのだし、ゲラゲラと大笑いするようなら「ナシ」ということだ。

Column

Column

元彼女、元妻とセックスすることは可能か？

いったんは別れてしまったものの、それでもやっぱり元彼女や元妻とセックスすることなどできるのだろうか。

すでに関係が終わってしまっているのだから、そんなに自分に都合よくセックスなどできはしないだろう、と読者のみなさんも思うであろう。

しかし、結論から言えば、これはけっこう簡単なことらしい。

アリゾナ大学のアシュリー・メイソンは、最近離婚したばかりの人にコンタクトをとって、「あなたは元パートナーと、セックスしたりしますか？」と尋ねてみたところ、予想外にセックスをしている人が多いことが明らかになったという。

そして、元パートナーとセックスしている人には、ある特徴があった。

それは、「頻繁に連絡を取り合っている」ということである。

別れたからといって、連絡をとらなかったら、そこで完全に縁は切れてしまう。

しかし、別れた後でも、何くれとなく面倒を見てあげたり、電話をかけたり、メールを交換し合うような関係でいれば、恋人関係、あるいは夫婦関係が解消された後でも、セックスはできるのである。

たいていの男は、別れた恋人や妻に連絡をあまりしない。

だから、セックスもできない。

しかし、元彼女や元妻と、またセックスしたいなというのであれば、連絡だけは取り合ったほうがいい。どんなに薄い関係であろうが、完全に関係を切ってしまうのではなく、細い糸一本でも繋がっていれば、そのうちにセックスできる可能性はある。

それ以前に、かりに別れ話になったときにも、「たまにはお互いの近況でも報告し合おうよ」とか、「月にいっぺんくらい、食事だけしようよ」という約束をしておけば、完全に縁が切れてしまうことはない。

Column

彼女とケンカをしたからといって、すぐに別れるのは考えものだ。後で冷静になって考えてみると、「やっぱり、惜しいことをした」という後悔をすることも多いのである。だから、なるべく連絡は切らないような形で、とりあえずいったん恋人関係を解消する、というくらいの形で終わらせたい。そうすれば、またセックスもできるし、復縁できるチャンスも残される。

夫婦もそうで、くっついたり、別れたりしながら、それでもなんとなく年に何回か顔を合わせてセックスする人もいるのではないかと思う。そういう夫婦(結婚を解消したら、もう夫婦とは呼べないのかもしれないが)は、たまのセックスなので新鮮な快感を味わうことができるかもしれない。

ケンカをしたからといって、もう二度と会わないと言ってしまうとか、アドレス帳の登録から抹消してしまうとか、そういうことをすると本当に縁が切れてしまう。

どんなときにでも、最後のつながりだけは残しておこう。そこからまた、復活愛が起きることだって珍しくはないのだから。

第4章

〝モテまくりの男〟になるための実践心理テクニック

「モテまくる男」は、こんな体型をしている

女性は基本的に、出会ってすぐにセックスなどしない。

しかし、それも相手による。

「こんな男がいたら、抱かれちゃってもいいかな？」

と感じさせるような、ものすごくうらやましい男性というのがいるのだ。

本章では、そういううらやましい（妬《ねた》ましい）男性について心理分析してみよう。


まずひとつ目の特徴は、**身体つきが〝がっちり〟していること**だ。

こういう男性は、女性とすぐヤレる。なぜなら、女性のほうから求められるのだから、後は自分がヤリたいと思えばよい。そうすれば、すぐにセックスできる。

ニューヨーク州立大学のゴードン・ギャラップは、女性ウケのよい男性について分析し、身体的には、肩幅が広く、腰が小さいという特徴があることを発見した。つまりは、昔から言われているように、**「逆三角形の体型の男はモテる」**ということである。そういう男性は、女性にとっては魅力的という評価を受けやすい。

蛇足ながら、ギャラップによると、女性では、ウェストが締まっていて、お尻が大きい女の子がやはりモテるそうであるが、とにかく筋肉質のムキムキ男はモテると考えてよいであろう。

「ただ、女性から魅力的という評価を受けるだけで、さすがにセックスはできないんじゃないかな？」

と考えた読者もいらっしゃると思う。

しかし、その点についてもご安心いただきたい。

ウェルズスレイ大学のマーガリー・ルーカスは、95名の女性にいろいろな男性の身体の写真を見せ（顔は見せなかった。別の要因が働いてしまうため）、「一晩だけのアバンチュールの相手にふさわしい男は、どの人でしょうか？」と尋ねてみたのだ。

すると、大半の女性から「抱かれてもいい」として選ばれた写真は、上半身がムキムキのタイプだったのである。

たくましいタイプは、アバンチュール相手にも選ばれやすい。

だからこそ、**男性はとにかく上半身を集中的に鍛えるとよい。そうすれば、すぐヤレる男に変貌できる。**これは、まことにありがたいことだ。

ここが
ポイント!

女性でいうと、おっぱいを大きくしたいとか、お尻を大きくしたいと思っても、体質的な問題もあるし、なかなか難しいことがある(シリコンを入れる、という方法はあるが)。その点、たくましい男になるためには、体質や遺伝など関係ない。とにかく、食事に気をつけて、鍛えられるだけ鍛えればいいだけの話だ。

鍛えれば鍛えるほど、みなさんはすぐヤレる男への階段を一歩ずつ登ることができる。

モテモテの自分をイメージしながら、ニヤニヤしながら身体を鍛えてほしい。

背筋を伸ばすだけで、すぐヤレる男になれる

女性にモテる男は、おしなべて高身長である。

顔だちはいまいちでも、よく見るとブサイクでも、身長さえ高ければ、それなりにモテてしまうのである。

私の知り合いに、身長が192センチの男性がいるが、彼女がいないときがないくらい、女性にモテる。うらやましすぎて、ぶん殴ってやりたくなるほどである。

英国エセックス大学のミッシェル・ベロットは、1800人の女性に一瞬でデートするかどうかを決めてほしいという実験をしたことがある。

その結果、女性に選ばれるのは、背が高いという特徴が明らかにされた。

ベロットによると、男性の身長が2・5センチ高くなるごとに、5％ずつ、デートした

がる女性が増えてゆく、という計算になるらしい。

もともと女性は依存心が強いので、「頼りがいのある男」に惹かれやすい傾向がある。

先ほど、「ムキムキの男はモテる」という話をしたが、筋肉質な男性も、頼りがいがあるという点では共通している。

背が高い男性は、それだけで頼もしく見えるのだ。

そういえば、政治家でのデータでも、身長が高くなるたびに、有権者には頼もしく見えるのか、当選しやすくなる、というデータもある。

世の中には、身長があまり高くないということがコンプレックスの男性もいるであろう。

しかし、だからといって諦めてはならない。

まずは、自分に自信を持って、いつでも背筋をピシッと伸ばすようにしよう。

ここがポイント！

背中を丸めて猫背の姿勢をとるのをやめて、普段からいい姿勢を保つようにするのだ。

これだけで、身長は3センチくらい高く見える。こうするだけで、ベロットの論文を信用すれば、言い寄ってくる女性も5%は増えるであろう。

さらに、ソールが少し厚めの靴を履くようにすればよい。これでまた3センチは高く見えるので、言い寄ってくる女の子は5％増えて、合計で10％も増える計算になる。

「俺は背が低いからモテない……」と諦めてしまって、何の努力もしなければそこで試合終了であるが、1センチでも2センチでも高く見せる努力と工夫をするようにすれば、10％も女性に多くモテるようになる。

また、ほかの男性に比べれば背が低いといっても、女性に比べれば背が高いことのほうが多いと思われるので、**なるべく小柄な女の子を選べばよい。**

小柄な子からしたら、背が低い男性だって、ずいぶんと大きく見えるものだし、頼りがいがあると感じさせることは可能である。

女の子によっては、「老け顔」が有利になることもある

動物の世界では、生まれてすぐに目に見た対象を自分の親である、と認識するメカニズムが自然に備わっている。たとえそれがおもちゃやぬいぐるみであっても、最初に目にしたものを親だと勘違いして、後を追いかけたりするのだ。

こういう現象は、〝**刷り込み**〟と呼ばれているのだが、実は、人間にも同じような〝刷り込み現象〟は確認されている。幼少期に目になじんだものは、大人になってからも親しみを感じたり、愛情を感じたりするのである。

女の子のお父さんが、ものすごく結婚が遅かったとする。

当然、生まれた女の子は、「老けたお父さん」を赤ちゃんの頃から目にすることになる。

すると、この女の子は、なぜか大人になってからも老け顔の男にばかり魅力を感じるよ

うになるのだ。

ウソだと思うかもしれないが、これは本当のお話である。

英国セント・アンドリュース大学のデビッド・ペレットは、平均21歳の48名の女性にさまざまな年齢の男性の顔写真を見せ、デートの相手としてどれくらい魅力を感じるのかを尋ねてみた。

なお、実験に参加してくれた女性には、それぞれの両親が何歳のときに生まれたのかも教えてもらった。

すると、**比較的、年齢の高い両親に生まれた子どもは、赤ちゃんのときに受けた刷り込みの影響によって、若い顔にはちっとも魅力を感じることがなく、むしろ、年齢を重ねた老けた顔にばかり魅力を感じた**のだ。

ペレットは、両親が30歳前に生んだ子と、30歳以降に生んだ子の「老け顔の好み」を分析してみたのだが、明らかな違いがあったという。

「俺は、顔が老けてるから、女の子が相手にしてくれないよなあ〜」

「若いのにハゲていたら、モテるわけないよなあ〜」

　そんな心配をしている男性読者も、けっこういるのではないだろうか。

　しかし、どうかご安心いただきたい、そんな老け顔が「すごくイイ！」と言ってくれる女の子は、現実にいるのだから。

ここが
ポイント！

　しかも、ありがたいことに最近は晩婚化の影響からか、若い女の子の親の年齢を尋ねてみると、けっこう高いことが多い。ということは、**これからの時代は、「老け顔がモテやすい」「老け顔がトレンドになる」とさえ考えられる**のである。

　かりに親の結婚が早かったとしても、上のお兄ちゃんやお姉ちゃんのときには若かったのに、末っ子の女の子が生まれたときには、お父さんもけっこういい年になっていることも少なくない。

　もしかなり高齢で生まれた子どもであれば、その子は、老けた顔を見慣れているはずで、顔が老けているというだけでみなさんを嫌うことはないし、むしろ好意さえ感じてくれるのである。

ヤラせてくれるかどうかは、「男性の年齢」も関係していた！

「もう俺はオッサンだから、若くてピチピチした男には勝てないよなあ〜」

「こんなおじさんなんて、若い子はだれも相手にしてくれないよなあ〜」

そんなことを考えて、しょんぼりと意気消沈している男性は多いのではないかと思う。

しかし、ご安心いただきたい。

恋愛の競争においては、若造に比べると、年配者のほうがはるかに有利。男性にとって、「年上」ということは、ハンデではなくて、むしろアドバンテージなのである。なぜなら、女の子は、年上の男が大好きだからだ。

どんなにイケメンであっても、年が若いだけで、「う〜ん、年下はちょっとね」と女の子に敬遠されてしまうのが普通だ。年下なんてお呼びでない、というのが大多数の女の子のホンネなのだ。

年齢が上がってくると、自分の体力や身体能力の衰えを嘆く男性は多いと思うのだが、女の子には十分にモテるのだから、もっと自信を持ってもいい。

ここがポイント！

だいたい**女の子が好きなのは、自分の年齢にプラス6、7歳を加えた男性**である。

さすがに、20歳も30歳も若い女の子を口説いてセックスに持ち込むのは難しいと思うが、自分の気に入っている女の子が6、7歳ほど年下なのであれば、ちゃんと恋愛対象としても見てもらえることは間違いない。安心して口説いて大丈夫だと、私が保証しよう。

インディアナ大学のジェフリー・ラスムッセンは、恋人探しの個人広告を何百件も分析してみた。

自分の年齢と相手に求める年齢の両方が記載されている個人広告だけを探してきて、それを男女別に分析してみたのだ。

すると、次ページの表のような結果が得られたという。

男性は、自分の年齢が上がってくるほど、どんどん若い女の子を好むようになり、50代

男性	20代	30代	40代	50代
相手に求める年齢の上限	+4.33歳	+2.80歳	−0.74歳	−1.87歳
相手に求める年齢の下限	−4.26歳	−8.47歳	−12.85歳	−14.07歳

女性	20代	30代	40代	50代
相手に求める年齢の上限	+8.90歳	+7.55歳	+7.66歳	+6.95歳
相手に求める年齢の下限	+0.55歳	−2.94歳	−3.77歳	−4.19歳

（出典：Rasmussen, J. L., et al）

にもなると自分より14歳も下の女の子が好きになるようであるが、女性は、どの世代をとっても年上の男を求めている傾向が明らかである。

特に、**20代の女の子は、自分より約9歳も上の男性に惹かれる**らしい。

女の子とすぐヤレるかどうかは、あなたと彼女との年齢差にもよるだろう。

自分のほうが若いとか同い年ということであると、ちょっと難しい。女性が魅力を感じるのは、もっと年上の男性だからである。

女性を落としたいなら、「渋くて大人びた声」を出せ

男性の声が好きだ、という女の子はけっこう多い。特に、低くて、渋い声を聞くと、ゾクゾクしてしまう女の子はものすごく多いと聞く。

声は、その人の印象形成に大きな影響を与える。

実際、**モテる男には、ある共通する特徴がある。それは「モテ声」を持っているということである。**

南メソジスト大学のダイアン・ベリーは、子どもっぽい声の男性と、大人びた声の男性について、女性から評価を求めてみたことがある。

その結果、大人びた声であるほうが、「パワフル」で「有能」という評価を受けやすいことが明らかにされた。

「パワフル」ということは、頼りがいがあるということである。

「有能」ということは、仕事ができそう、という意味である。

つまりは、モテる男は、やっぱり魅力的な声でしゃべっているのだ。特に、大人びた渋い声が魅力的だと評価してもらえるようである。


ここがポイント！


女性とおしゃべりするときには、子どものような甲高い声を出してはいけない。たとえ、女性としゃべっていてうれしくなったとしても、キャッキャッと高い声で騒いでいたら、おそらく恋愛対象とはみなしてもらえないであろう。

たとえ地声が高い男性でも、努力すれば、それなりに低く抑えた声を出せるようになるから、そういう声で話すように努力したい。

イギリスのサッチャー元首相などは、もともと声が高かったのだが、それでは国民に信頼されにくいということで、ボイス・トレーニングを受けて、低い声で話せるように努力したといわれている。力強さ、たくましさ、信頼性などを高めたいのであれば、そういう声を出す努力をしたい。

また、声域とは別に、モテる男性は「声が大きい」という特徴もある。

蚊の鳴くような声でボソボソとしゃべっていたら、女の子に呆《あき》れられるだけで、モテることはない。ほかの男性より、大きな声を出すようにしよう。

ヒキガエルの世界では、ゲロゲロという鳴き声が大きいオスのほうが、メスにモテやすいといわれている。人間の世界も同様で、**小さな声で話す男性より大きな声で話す男性のほうが、頼もしく感じられ、女の子にはモテるのだ。**小声の男性がモテるということは、通常、あまり考えられない。

できるだけ大人びた声で話そう。

また、できるだけ大きな声を出そう。

聞き取りやすい声で話せるというだけで、みなさんは女性から今よりもっとモテるようになるはず。頑張って「モテ声」を手に入れたい。

最近では、魅力的な声を出すためのセミナーなども開催されているから、そういうところでトレーニングを受けてみるのもよい。たとえ数時間のセミナーでも、受講してみれば、ずいぶんと変わるはずだ。

とにかくモテたいなら、ハッキリとした話し方をしろ

声の性質だけではなく、話し方によっても、モテる男とモテない男は違ってくる。**モテない男は、やはり「モテない話し方」をするのであって、もし話し方を変えて、「モテる話し方」を身につければ、それなりにモテるようになるものだ。**

生まれつき、頭の悪い人などいない。

頭が悪い（と思っている）人は、勉強のやり方を間違えているだけである。だから、きちんとした学習法を身につければ、頭だってよくなる。当たり前の話である。

女性にモテるかどうかも同じ。

モテない人は、やはりモテないだけの理由があるのであって、その理由を1つずつ潰していけば、モテるようになる。ものすごく単純な理屈だ。

さて、モテる話し方とは、どういう話し方なのか。

簡潔にいえば、**ハッキリとした話し方をしろ、**ということだ。

もごもごした話し方をしたり、まわりくどい言い方をしたり、きちんと自己主張しない、という話し方がモテない話し方である。

また、発言ごとの休止（ポーズ）がやたらに多かったり、物事を断定せず、「〇〇かなあ？」という半疑問表現を使ったりするのも、やはりモテない男性の話し方の特徴である。

ミシシッピ大学のジェフリー・ケリーによると、竹を割ったようにシンプルな断定表現をし、明確にわかりやすい話し方をする男性は、それだけでものすごく評価が高くなるそうである。

そういう男性は、もごもごした話し方をする男性に比べて、信頼がおける、教養がある、正直である、といった評価が高くなるらしい。

よく考えてみると、明快な話し方をするとか、婉曲的な表現をせず、きちんと自己主張するといった話し方は、きわめて〝男性的な話し方〟である。

女性は、どちらかというとわかりにくい表現を好むものであるが、男性の話し方はそう

ここが
ポイント！

ではない。

つまり、**女性は、男性の話し方から、その人がどれくらい「男らしい」のかを判断しているのである**。だから、男らしい話し方をする男性に好意を持つのではないかと思われる。もごもごした話し方をする男性は、「男らしくない」と判断され、それゆえあまり好まれないのではないかと推測できる。

「ええと、あの〜、僕は……、その〜、あなたと食事に……え〜」

などという話し方をしていたら、女の子だって一緒に出かけたくはないと思う。頼りない男になど抱かれたいとも思わないであろう。やはり**頼もしい話し方をしている男性の誘いのほうについていこうと思うのが女心というもの**である。

セックスに持ち込むためには、聞き上手はダメ、しゃべりまくれ！

女性は、男らしい男性が好きである。

そして、男らしい男性というのは、自分からガンガン話題を提供し、マシンガンのようにしゃべりまくる男性である。女性は、そういう男性が好きなのだ。

よくある恋愛本によると、「聞き役に徹しなさい。女の子にたくさん話させてあげれば、みなさんはモテるでしょう」などと書かれている。

しかし、女の子を前にして、静かに黙っているだけでは、残念ながらとてもセックスには持ち込めない。**グイグイと押しまくらなければ、女性の心を動かすことはできない**のである。

イスラエルにあるIDCヘルズリア大学のグリット・バーンバウムは、恋人がいない男女をペアにして5分間の会話をさせるという実験をしたことがある。会話のテーマは、最近自分がしたヘマであるとか、試験で失敗したことなどに設定された。

ただ、この実験では、聞き手と話し手は、コイントスで決められることになっていた。コインを振って、かりに聞き手に割り振られたら、しゃべることが禁止され、相づちを打つことしか許されなかった。

さて、会話が終わったところでお互いの魅力を評価してもらうことになっていたのだが、女性は、「聞き手」に割り振られた男性については、あまり魅力を感じなかったのである。「話し手」に割り振られた男性については、のきなみ高い魅力を感じたのとは、まさに好対照であった。

なぜ、聞き手の男性は魅力がないとされてしまったのか。

バーンバウムによると、女性は、ただふんふんと聞くだけの男性のことは、「男らしくない」と感じてしまったらしい。だから、魅力も感じなかったのである。

コイントスで決められたことなので仕方がないとはいえ、聞き手役にまわされ、話すことが禁じられた男性は、魅力を感じさせることもできなくなってしまったのだ。

男性は、とにかくしゃべりまくるのが正解だ。

聞き役になどまわっていたら、女の子から、「なんだか男らしくないわね」という印象を与えてしまう。

女の子は、同性である女の子には話を聞いてもらいたいとは思っているが、男性にも同じことをしてほしいとは思っていない。むしろ、**男性には、男らしくガンガンおしゃべりしてほしいというのがホンネ**である。

女の子と会う前には、たっぷりと話題のネタをストックしておき、途切れることなくおしゃべりして、男らしさを感じさせよう。そのほうが、男性的で魅力的だと思ってもらえるからである。

ここが
ポイント！

「ちょいワル男」が女性からモテる本当の理由

女性は、ちょっとだけワルの男に心惹かれやすい。完全な悪党であるとか、暴力団関係者、ということになるといきすぎであるが、平凡すぎる男性よりは、少しだけワルの男を好むものである。

女性は、スリリングな恋を楽しんでみたいのである。恋をすることによってドキドキしたいのである。

そして、スリリングな気持ちを味わわせてくれる男性というと、「ちょいワル」ということになるのだ。

結婚しているのに不倫してしまう女性は、平凡な毎日に退屈している。刺激を求めて不倫するのであり、そういう気持ちにさせてくれる男を求めているのである。

たしかに結婚するのなら、きちんと家庭を養ってくれて、給料をたくさんとってきてくれるような男性が好ましいと思えるのだが、セックスを楽しみたいという点でいうと、そういう安定的な男性は、どこかものたりない相手だと思えてしまう。

女性と真剣な結婚を考えるのであれば、誠実で、**マジメな男性を演じるのもいいが、すぐにセックスをしたい、という目的からすれば、誠実さを演じるのは間違いである。ちょいワルを演じるのが正解だ。**

ここが
ポイント！

コーネル・コーワンとメルヴィン・キンダーの共著に『賢い女の愚かな選択』（講談社）という本がある。

この本によると、女性は、安定した恋は退屈に思えてどうしようもないらしい。女性は、最後は自分が傷ついてもいいから、新鮮で、スリリングな恋をしてみたい、と心のどこかで願っているそうなのである。

たとえ彼氏がいようが、夫がいようが、マンネリで退屈な付き合いなのであれば、横から略奪することだって不可能ではない。むしろ、女性はそういう積極性を持った男性を待っていたりする。

「彼氏はいい人なんだけど、ちょっとものたりなくて……」

「夫はやさしいんですけど、それだけなんです……」

と不満をこぼす女の子は、ちょいワル男に強引に求められることを願っているのである。

腰が引けた男は、恋人がいるとか、結婚していると聞くと、まったく手を出そうともしないが、そんなことにはおかまいなく、**グイグイと押してくる男性のほうが、結局は、おいしい思いができる**といえる。

僕はタバコも吸いません、お酒も飲みません、危険なスポーツもやりたくありません……という男は、ものすごく安全な男なのかもしれないが、あまり女性にはモテないのではないかと思われる（結婚相手としてはいい男だと思われる）。

大きなバイクを乗りまわし、葉巻を燻《くゆ》らせ、時には乱闘に巻き込まれるような、気分次第でフラリとどこかに出かけてしまうような、そういうちょっとワルの男がモテるのである。

ヤリたい女の子とは、あえて頻繁に連絡をとるな

すぐにヤルための恋愛術は、普通の恋愛術とは異なる。

普通の恋愛術としては、たとえば、女の子には頻繁に連絡をとってあげるとよい。なぜなら、女の子はコミュニケーションが大好きだからだ。これがノーマルなやり方である。

しかし、**ちょいワルの恋愛術としては、頻繁に連絡をとるのはよくない。**

一日に100通もメールを送っていたら、「こいつは仕事をしないでヒマな男なんだろうか」と女の子に邪推されてしまう。「心配性すぎるのだろうか」と思われてしまう。

第1章で述べたように、女の子が抱かれたいと思うのは、たくましくて、男らしい男なのだ。女の子のように、マメに連絡をとり合おうとするのは、男らしさに欠けるイメージを与えてしまう。

ここがポイント！

そんなにマメにならなくともよい。
むしろ、女の子をほったらかしにするくらいでちょうどいい。

女の子にメールをして、「次はいつ会えるの？」としつこく問いただそうとしたり、返事がこないと、いちいち不安になって、もう一度メールしてしまうような男は、どう考えてみても男らしくない。

「そっちがヒマなときにでも連絡くれればいいから」とだけ伝えておいて、後は本当にほったらかすくらいが男らしい。

米国オレゴン州にあるポートランド州立大学のマーガレット・ブラウンは、「1回だけセックスするのなら、どんなタイプがいいか？」と女子大学生に尋ねてみたところ、男らしくてたくましい男性ほど好まれるという結果を得たという。

なよなよしていたり、女の子のような男は、あまり好まれないのだ。

自分からは連絡せず、女の子から連絡がきたときにだけきちんと返事をする。

そういう男のほうが女の子も男らしいと思う。男からメールの返事がすぐに返ってこないことで、かえってドキドキしながら返事を待つという楽しみまで味わえる。メールを送ってすぐに男から返事が返ってきてしまうのでは、待つという楽しみを味わうことはできない。

ただし、**女性をほったらかすというのは、恋愛テクニックとしてはかなり上級なやり方**である。ごく普通に女の子と仲良くなったり、お付き合いしたいというのであれば、マメな男のほうがモテる。

「あなたのことを僕は大切に思ってるんですよ」というアピールをするためには、こまめな連絡が欠かせない。したがって、ごく普通の手順を踏みながら女の子とお付き合いをしたいのであれば、ほったらかすのはむしろ逆効果であることも覚えておこう。

そんなに恋愛の経験のない人が女性をほったらかしにしたら、すぐにそっぽを向かれてしまうのがオチである。

男らしい顔だちであれば、「美人キラー」になれる

女性は、男らしい男性を求めている。

顔だちもそうで、男らしい顔をしていれば、それだけで女性にはモテる。自分ではそんなに努力しなくとも、女性のほうから積極的に声をかけてきてくれるのだから、まことにうらやましい話である。

しかも、さらにうらやましい話もある。

それは、**男らしい顔だちの男は、なぜか「美人」にモテる**というのである。

どうでもいい女の子にモテるのならまだしも、特に美人が寄ってくるというのだから、うらやましさを通り越して、殺意すら感じてしまう。

よく、「美女と野獣の組み合わせ」というカップルが街中を歩いていたりするが、美人

ほど、野獣のような男を好きになってしまうらしい。

英国セント・アンドリュース大学のA・C・リトルは、男性の写真を加工して、男らしい顔（顎《あご》を大きくしてがっしりさせる、眉毛を太くする）と、女性的な顔にしたものを用意し、女性にどれくらい魅力を感じるかを尋ねてみた。

また、その一方で、それぞれの女性には、自分が魅力的かどうかを尋ねてみた。客観的な指標で美人を決めたのではなく、あくまでも主観的な判断で美人を決めたわけである。

すると、自称美人だと答えた女性ほど、男らしい顔を選んだ。

顔が大きく、顎も大きく、唇も厚く、眉毛も太いということになれば、かなりのブサイクだと思うのであるが、なぜか美人ほどそういう顔だちが好きらしいのである。

なぜ、美人は男らしい顔だちの男を選ぶのか。

その理由は、精力的で、エネルギッシュに見えるから。

たくましい男性と結婚すれば、元気な子どもが残せる。遺伝的に問題のない子どもを授かることができる。そのため、美人ほどそういう男性を好むのである。

では、どうして美人でない女の子は、あまり男らしい顔を好まないのだろう。

その理由は、男らしい顔の人は、たいてい浮気性だからである。

自分がそんなに魅力的でない女の子は、将来、結婚してから浮気しそうな、そういう男性を最初から敬遠する。

美人なら、ほかの女の子に浮気される心配はないのだが、普通の女の子は、結婚した後で浮気などされたくはない。だから、そういう男のことは最初から敬遠するのであろう、と解釈できる。

ここが
ポイント！

ともあれ、**男っぽい顔だちであれば、美人によくモテる。**

もし、読者のみなさんがそういう顔だちなのであれば、その特徴を最大限に活かして、とにかくどんどん美人にアプローチすることをオススメする。

男性の考える「いい顔」と、女性が考える「いい顔」は違うのだ。男性の目線からすればブサイクにしか思えなくとも、女性から見れば、「すごく凛々《りり》しい顔」に見えるのかもしれないのだ。

『週刊少年ジャンプ』で連載されていた「こち亀」の主人公の両さんなどは、まさしく男っぽい顔の特徴を兼ね揃えているが、そういう顔は実は美人にモテる顔なのである。

自分の顔だちに合ったアプローチをすれば、女性は簡単にゲットできる

女性は、男らしい顔だちが好きである。がっしりした、骨太の輪郭の男性ほど女性を惹きつけることができる、というデータもある。

では、女性的というか、丸顔で、やさしい顔ではダメなのかというとそういうわけでもない。

別の理由から、そういう男性も好まれることが明らかにされている。

英国セント・アンドリュース大学のペントン・ヴォウクは、イギリスの複数の雑誌から男性の顔写真を抜き出し、その写真を加工して、どんどん女性的にした顔（ふっくらさせ

る、鼻を小さくする、目を大きくする）と、どんどん男性的にした顔（シャープにする、鼻を大きくする、目を小さくする）を用意した。それを数多くの女性に見せて、どういう顔だちの男が好きかを聞いてみたのである。

すると、40％ほど女性的に加工した顔が、もっとも魅力的と評価されることがわかった。

ここが
ポイント！

女性は、**男性的な顔も好きだが、やさしい顔の男性も好き**なのである。

しかし、なぜ好きなのかというと、理由はちょっと違う。

男らしい顔だちの男は、「頼りがいがありそう」という理由で好かれるのであるが、女性的な顔だちの男は、なぜか「将来、いいパパになってくれそう」という理由で女性は好きなのだ。

実際に、いいパパになるかどうかはわからないのに、**なぜか、やさしい顔だちの男は面倒見がよくて、やさしいパパになってくれそう、と女性は思う**のである。女の子のような性格なのだろう、と推測するわけだ。

もし、読者のみなさんの顔だちが、あまり男性的ではなく、どちらかというとナヨナヨしている顔だちだとしても、そんなに心配はいらない。

男らしいアピールはうまくいかないかもしれないが、そのかわりに、やさしさとか、面倒見のよさとか、気配りとか、思いやりとか、そういう点で勝負すればいいのだ。女性が困っていたらすぐに助けてあげるといったやさしさをアピールしていれば、やはり女性にはモテる。

男性的でもなく、女性的でもなく、ごくありきたりな平凡な顔だちだったとしても、やはり心配する必要はない。女性は、そういう「平均的な顔」も好きだという別のデータがあったりするからである。

結局のところ、どんな顔をしていても、それだけで嫌われたり、好かれたりすることはない。自分の顔だちのタイプにあったアプローチをすれば、どんな男性でも女性には好かれるのだ、ということを覚えておこう。

モテる男が、「ルーティーン」を重視するのはどうしてか?

男性は、とびっきりの「サプライズ」で女の子を喜ばせようとするものであるが、実際のところ大切なのは、「サプライズ」などではない。もっと日常的な行動のひとつひとつが、ものすごく重要である。

年にいっぺんか2回くらい特別なことをしてもらうより、毎日のルーティーンのほうが、女の子には大切なのだ。これをわかっていない男性はけっこう多い。女の子のバースデーや記念日だけに何か特別なことをしてあげれば、それで十分だと思っているのである。これは、大きな誤解だ。

ジョージア大学のロバート・レミューは、337名の大学生にお願いして、恋愛にまつわるさまざまな行為をどれくらい大切に思うのかの点数をつけてもらった。すると、ほとんどあらゆる行為について、男性よりも女の子のほうが高い点数をつけることが明らかにされたのである。

一緒に散歩をする、映画に行く、メールのやりとりをする、食事の準備をする、面倒なことをしてくれる、手伝う、自分の趣味に合わせてくれるなど、とにかくどんな行為でさえ、女の子にとっては大切だったのだ。

男性は、何か特別な日にだけ特別なことをしてあげればよいと思い込んでいるが、そうではない。もっと日常的な行為すべてを、女の子は判断しているのだと考えたほうがよいであろう。

ここが
ポイント！

ものすごく情熱的なキスを年に1回だけしてあげるより、軽いキスを毎日してくれるような男性を、女性は好きだ。

女の子に、何か特別なことなどしてあげなくていい。

毎日のルーティーンを決めて、それを忘れずに実行するだけでも女の子はうれしいのである。

お昼休みには必ずメールするとか、自宅に戻る前には必ず「今から戻るよ」という電話を1本入れるとか、眠る前には「おやすみ」という挨拶を欠かさないとか、週末には絶対にデートをするとか、そういうなにげないルーティーンがものすごく重要である。

男性は基本的に、面倒くさがりなところがあって、ルーティーンを軽視する傾向がある。しかし、**モテる男性は、恋愛ではルーティーンこそが本当に重要であることを知っている。**

小さな約束を忘れないから、女の子に信用されてモテるのである。

サプライズが不必要だとまでは言わないが、それよりもっと大切なのは、ごく当たり前の毎日におけるルーティーン行動である。

メールの最後には、必ず「○○ちゃん、愛してます」という文言を入れるようにし、それをいつでも続けるようにすれば、それがルーティーンとなって、メールをするたび女の子を感激させることもできるのである。

Column

たとえセックスができても、「やり逃げ」はNG

本書では、いかに女性とすぐにセックスするのかを考えることが目的である。とはいえ、セックスができたのだから、もうそこでその女性とのお付き合いは終了、ということはやめていただきたいと思う。できれば、その後もきちんとお付き合いもしていただきたいと思う。

ただセックスし、本能的な欲求だけを満たすだけでは、動物と変わらない。読者のみなさんには、そんな鬼畜のような男性になってほしくない。かりにセックスがしたいのだとしても、せっかく関係を持ったのであれば、マジメなお付き合いをしてほしいと思う。

ノーザン・アイオワ大学のエレイン・アシュバウは、ゆきずりのセックスと

Column

いうか、男性にうまいこと騙《だま》されてセックスしたことがあるのかを152名の女子大学生に尋ねてみた。

すると、かなりの女の子がそういう経験をしたことがあると答えた。

しかも、「それに対して、どう思ったか?」と尋ねてみると、なんと74%もの女性が非常に後悔していることも明らかにされたのだ。

特に、1回だけのセックスで関係が終わってしまった場合に後悔している女性が36・2%、知り合って24時間以内でセックスしてしまったことに後悔している女性が28・9%であった。

女性にとってみると、やはり「出会ってすぐのセックス」は、後悔の大きいものなのである。

そういう後悔をさせないためにも、かりにいきなりセックスできたとしても、その後でしばらくはきちんとお付き合いするのが、大人の男なのではないだろうか。

女性の気持ちを考えて、簡単にポイ捨てするようなことはせず、別れるとしてもなるべく後悔を残さないようにしてあげるのが、「男のやさしさ」なのではないかと思う。

セックスができたからといって、「はい、終了!」では女性がかわいそうである。

男性にとっては、女性とセックスできるところまでがゲームになってしまっていて、セックスできれば、そこでゲームクリアと考える人が多い。けれども、セックスできたからといって、「はい、それまでよ」ということにせず、きちんとしたお付き合いもしてほしい。

最初は、セックスすることが目的だったのに、マジメに付き合ってみると意外にものすごく相性がいいことがわかり、そのまま結婚して一生のパートナーになってくれることだってあるのだから。

たしかに、セックスは気持ちいいことかもしれないが、精神的な絆《きずな》や結びつきを感じる人と一緒にいられることは、セックスなどよりよほど気持ちのいいことなのだ。

第5章

出会ったその日にセックスに持ち込むための心理術

セックスしたいなら、「隙《すき》あらばイチャイチャ」せよ

女の子の知り合いはいっぱいいるのに、セックスができない男性がいる。見た目もそんなに悪くないし、オシャレだし、誘えばいくらでも女の子がついてくると思うのだが、なぜかセックスできないのだ。

そんな男性に、なぜセックスしないのかを尋ねてみると、

「なんだかそういう雰囲気にならないんですよね」

という答えが返ってくる。

しかし、そういう雰囲気というものは、自分で作り出すものである。勝手にエッチな雰囲気が生まれてくるわけではない。**自分でそういう雰囲気を作り出そうと意識しなければ、いつまで待ってもセックスなどできない。**

では、どうすればそういう雰囲気が作り出せるのか。

それは、**お触り**だ。

女の子の頭をなでてみたり、腕や指を組んだり、さりげなくほっぺにキスをしたり、だれもいないところではいきなり抱きしめてみたり、ということをしないと、そういう雰囲気は作り出せない。

女性は、セックスそれ自体よりも、その前段階である「前戯」のほうが本当は大好きなのである。男にとって最終目標はセックスであるが、女の子にとっては前戯が本番であって、セックスは「おまけ」にすぎない。

ここがポイント！

女の子は、基本的に、イチャイチャするのが好きだ。

それは女性ホルモンが影響している。女性ホルモンのオキシトシンは、別名「抱きしめホルモン」と呼ばれている。女の子はかわいい犬や赤ちゃんを見るとすぐに抱きしめたくなるが、自分自身もだれかに抱きしめられるのが好きである。好きなモノを抱きしめると、さらにオキシトシンは分泌されて快の状態になれるのである。

男同士の場合、ゲイでもなければ触れ合うということは絶対にしない。ところが、女の子同士ではしょっちゅう触り合っている。腕を組んで街中を歩いている女の子もいる。お互いに触られたいという欲求を満足させているのであろう。

女の子は、やさしくなでられたり、抱きしめられるのが大好きだ。

だから、お触り上手な男とはセックスしてもいいかな、という気分が高まっていくのである。**女性とすぐにヤレる男は、とにかくお触りがうまい。**お尻やおっぱいを触りまくる。お触りをくり返すことで、女の子をその気にさせていくのである。

ピエロのように、女の子を笑わせたり楽しませてあげることも大切だが、そればかりやっていても、セックスはできない。仲のいいお友だちになれるのがせいぜいで、その先に進むことはできなくなってしまう。

面白い男を演じるのはいいが、そうはいっても、ちょこちょこと女の子の身体に触るようにしないとなかなかセックスまではできないのではないかと思う。

相手を興奮させることが、セックスへの第一歩

ここがポイント！

女性は、基本的に触れ合いが好きだが、そうはいっても、彼氏であるなら別だが、あまり人前でイチャイチャされるのを好まないかもしれない。

したがって、**カラオケ、自宅、夜の公園といった、なるべく人気の少ないところに連れていくのがポイント**である。そういう場所でなら、あまり人目を気にすることもないだろうからだ。

とにかく、できるだけイチャイチャし、興奮させることが大切である。

肩を抱き寄せ、女の子の髪を触ったり、肌にキスをしたりと、とにかくどんどん触っていかないとダメである。

興奮してくれれば、男性だけでなく、女性だってセックスしてもいいかなという欲求を感じる。人間なら、だれだってそうなるのである。ここに男女差はない。

米国ボーリング・グリーン州立大学のルシア・オーサリバンは、18歳から23歳までの大学生に、相手が恋人でない、友だちなどからセックスを求められたことがあるかと尋ねてみた。すると、81%がそういう経験がある、と答えた。

重ねてそんなときにどうしたのかと尋ねると、男性の43・1%、女性の30・6%は「結局、セックスしちゃった」と答えたのである。

しかも、その理由を尋ねると、男性の1位は「興奮しちゃったから」で76・9%だったのだが、女性も同じく1位は「興奮しちゃったから」なのだ（65・7%）。

男性だけでなく、女性だってムラムラと興奮してくれれば、やはり最終的にはセックスしてしまうのである。ムラムラしているのに我慢してやらなかった、というわけにはいかないのであろう。

ちなみに、断った人の理由についてもオーサリバンは尋ねているのだが、こちらのほうの理由は、男女とも「妊娠が怖かった」で男性33・3%、女性46・0%であった。

ということはつまり、「ちゃんとコンドームをつけるから」といって女の子を安心させてあげれば、さらにセックスできる確率は高くなることさえ予想できる。「妊娠が怖い」

という理由で断るということは、裏返しに考えると、妊娠しないように配慮してあげれば、セックスしてもいいと言っているのと同じである。

女の子とイチャイチャするのは難しいように思えるが、やってみると決してそんなことはない。

「カラオケの採点で90点をとったら、手にキスしていい？」

とか、

「今からみせる手品でビックリさせることができたら、ほっぺにキスしていい？」

とか、

「今からモノマネするけど、似てたら抱きしめてもいい？」

などと、ちょっとしたゲーム感覚でお願いしてみると、けっこう女の子はのってくる。

とにかく、**どんなときでも身体を触れ合わせ、興奮させることが大切**である。

「すぐヤレる女友だち」を紹介してもらう方法

あなたの男友だちで、セックス・フレンド（セフレ）を見つけた、という幸運な友だちがいるとしよう。

もしそうなら、すぐに友だちにお願いし、その彼女に、だれか同じ嗜好《しこう》を持った女友だちがいるなら紹介してくれ、と頼んでみよう。

セックスが好きな女の子の友だちなら、おそらくその子も同じくらいセックスが好きなはずだ。

これを、**「類似性の法則」**という。

米国ロチェスター大学のハリー・ライスによると、女の子は自分と似たような価値観、

ここがポイント！

似たような態度の女の子と友だちになりたがるという（男性もそうだが）。

片方はセックスが大好きで、その友だちはセックスが大嫌いで嫌悪さえしている、ということはあまりない。だから、**セフレを持っているような女の子の友だちは、やはり自分もチャンスがあればセフレの男を持ちたいと考えていると見なしてよい。**

だからこそ、あなたが男友だちを経由して、その女の子に、「キミの友だちがいるなら紹介してよ」とお願いすれば、そういう女の子を見つけられる可能性が高い。

紹介してもらえるのであれば、自分で探すという手間が省ける。

しかも、素敵なセフレを見つけてハッピーな状態にある女の子は、自分の友だちにもいい男を紹介してあげたいと、親身になって探してくれる度合いが高い。

さらに、あなたの身元もはっきり調べることができるわけで、紹介される女の子としても安心できる。行きずりの男を探すわけではないから、女友だちに紹介してもらったほうが安心なのだ。

ただし、お互いに純粋にセックスを楽しみたいというのならいいが、お小遣いやお金を求められるようなら、絶対に手を出してはいけない。それは援助交際とか、サポートなどと呼ばれているが、れっきとした売春だからである。

もし自分の男友だちがやっていることが、そういう援助交際の類《たぐい》なのであるとしたら、友だちを紹介してもらってはならない。あなた自身もお金を払ってくれるものだと女の子は勘違いしてしまうからだ。

友だちが純粋にセックスを楽しめる女の子を見つけたという場合にだけ、「その子に頼んで、だれか俺にも紹介してよ」とお願いしよう。厚かましいと思われるかもしれないが、**少しくらい厚かましくならなければ、すぐヤレる女の子は見つけられない。**

セックスが好きだという女の子を自分だけの力で見つけるのは難しい。出会い系サイトなどで調べれば、いくらでもそのような女の子が見つかるのではないかと思われるかもしれないが、それらはほとんど援助交際であり、売春で違法なものばかり。だからこそ、友人経由で見つけられるなら、そちらのほうが安全であり、しかも確実なのである。

身体についてのコンプレックスを話してくる女の子は、ヤレる可能性が高い

「もっと胸が大きかったらいいのに」

「もう少し痩《や》せたら、魅力的になれるのに」

女の子は、男に比べて自分の身体にコンプレックスを強く感じている。腕が太いとか（太くないのに）、お腹が出ているとか（出ていないのに）、足が短いとか（短くないのに）、いろいろなことで悩んでいる。

コロラド州立大学のウェンディ・ホットによれば、女の子の身体への不満は、太もも、

ヒップなど下半身が多いらしい。

ちなみにホットの調査では、太ももが嫌いという女の子が48・4%、お腹がイヤという女の子が47・5%、お尻がイヤという女の子が23・9%という割合になっていた。

ホットは男についても同じ質問をしているのだが、男のほうはたとえ太っていようが、そんなに気にならないことも明らかにされた。


女の子は、自分の身体にコンプレックスを抱えているわけであるが、だからといってだれに対してもそれを打ち明けるわけではない。

打ち明け話を持ちかけるのは、たいてい気のある男だ。気のない男になど、自分の身体について話さないものである。


ここがポイント！


したがって、**女の子から身体的なコンプレックスの話を打ち明けられるような場合には、「うまく立ちまわれば即チャンス」と考えていい**のである。

女の子に身体のコンプレックスを打ち明けられたときには、

「そんなに身体を見られたくないなら、部屋を真っ暗にしてセックスするしかないね」

と軽く冗談を言ってみるとか、

「本当にそんなにお腹が出てるのか確認したいから、今からホテルに行かないとね」

などと、セックスを連想させるような方向に会話を向けよう。
もともと、身体についての話題を切り出してきたのは女の子のほうなのだから、こちらも遠慮せずに踏み込むのが正解になる。

また、**女の子は男にコンプレックスを「否定してもらいたい」と思っている**ことも忘れてはならない。

女の子が「太りすぎている」と言うのなら、「たしかにそうだよね」などと答えてはいけない。たとえ冗談でも、けなしてはいけない。

女の子がコンプレックスを打ち明けてきたときには、
「全然太ってないよ。むしろ、セクシーなんだよ」
と全力で否定してあげるのがマナーだ。本当はそんなことを思っていなくとも、否定してあげれば女の子は喜ぶ。

ちなみに、**女の子が身体のコンプレックスを話してきたときには、ボディ・タッチすることも忘れてはならない。**

「二の腕に肉がついちゃってる」と言うのなら、「どれ」と軽く触ってあげるとよい。足が太いというのなら、太ももに触れてみよう。

ただし、こういうボディ・タッチのときには、できるだけ性的な雰囲気を出してはダメだ。お医者さんが触診するように、ものすごく冷静な目をして触るのである。

いやらしくなでたりしてはならない。あくまで、軽く触れるだけだ。それから、「お肉なんてついてないよ。それは皮膚だよ、皮膚！」と否定してあげるとよいであろう。こういう立ちまわりが自然にできるのがモテる男である。

〃バカンス効果〃の高い「旅行中の女の子」を狙え！

旅行をしているとき、人は心が開放的になる。

普段の自分とはまったく違った自分のように感じるし、普段とは違ったふるまいをしたくなる。普段は地味な女の子でも、旅行中くらいは大胆にふるまってみたい、と思うものである。

その意味では、**旅行中の女の子も狙い目**だと考えられる。

普段なら、絶対にナンパについていかない女の子でも、のこのことついていってしまう。海外旅行に出かけた女の子が地元の外国人男性とセックスしてしまうケースがけっこう多いのは、外国人男性がそもそも積極的だというのもあるが、女の子の心のほうも浮ついている、という理由が大きい。

旅行中は、いつもの理性がうまく働かず、「ついヤッちゃった」ということになりやすい。これを**〝バカンス効果〟**と呼ぶ。

英国エクセター大学のリチャード・アイザーと共同研究者のN・フォードは、イギリスのとある浜辺のリゾート地をひとりで訪れている旅行者に声をかけ、旅行中にセックスしたかどうかを尋ねてみた。

いきなりそんなことを聞かれた旅行者もきっと驚いたであろう。ともあれ、彼らはマジメな研究だということで、きちんと答えてくれた。

分析は男女込みで行なわれたが、まず43・2%の男女は何もしなかった。旅行中だからといって、全員が全員浮つくわけではなかったのである。

32・6%は、セックスはしないがイチャイチャはしたと答えた。キスをしたり、ペッティングしたりしていたのである。

そして24・2%は最後までセックスしてしまっていた。実際の男女の内訳の数は表の通りである。

ここが
ポイント！

旅行中はうまく理性が働かなくなり、女性だって、けっこう最後までセックスをやってしまう人が増えることが明らかである。

	男性	女性
何もしない	150人	235人
セックスはしないがイチャイチャはした	176人	115人
最後までヤッてしまった	146人	70人

（出典：Eiser, J. R., & Ford, N.）

多くの研究を総合的に考えると、普通、すぐにヤッてしまう女の子は、せいぜい数％にすぎないが、旅行中にはこれが10％を超える割合にまで増加する。だから、旅行中の女の子は狙い目なのだ。

また、アイザーらは、最後までヤッてしまった人に、コンドームを着用したかを尋ねてもいるのだが、73・4％の男性、49・3％の女性は「使用しなかった」のである。ようするに、危ないセックスをしていたのだ。

旅行中の女の子は、理性のタガが外れるようである。そんな女の子のほうが、普段の警戒心の強い女の子よりも口説き落とせる可能性が高くなるのは言うまでもないだろう。

確実に相手に「イエス」と言わせる誘導術

私は催眠術師ではないが、女の子に何かをお願いして「イエス」と言わせることができる。もちろん、これは私だけでなく、みなさんにもできる。

女の子が「イエス」と言いやすくなる誘導を行なえば、催眠術師でなくとも、人に言うことを聞かせることはできるのだ。

では、どうすれば女の子が「イエス」と言いやすくなるのかというと、**本当のお願いをする前に、たくさんの質問をして「イエス」という反応を引き出しておくこと**だ。

そうやって、何度も首をタテに振らせるように仕向けると、最終的なお願いについても、ついつい「イエス」と言ってしまうようになるのである。ようするに、**何度も首をタテに振らせておくことがポイント**だ。

カリフォルニア州立大学のガイル・トムは、ものすごく興味深い実験を行なっている。新製品のヘッドフォンを評価してもらう、というインチキなマーケティング調査をデッチあげ、半分の人には、「このヘッドフォンは、ジョギング用に作られたものなので、首をタテに振りながらCDを聞いてもらえますか？」とお願いしてみた。

それからヘッドフォンについての評価を求めると、何度も首をタテに振らなければならなかった人は、69・6％が好意的な反応をしたという。

残りの半分のグループには、「このヘッドフォンは、サイクリング用に設計されているので、首をヨコに振りながらCDを聞いてもらえますか？」とお願いしてみた。首を左右に振るという動作は、「ノー」とか「拒否」の動作である。

その結果、CDの試聴が終わったところでヘッドフォンを好むかどうかを尋ねると、46・6％しか好まないことが明らかにされたという。

首をタテに振っていると、無意識のうちにどんどんイエスとか好意とか同調の気分が高まってしまうのに対し、首をヨコに振っていると、どんどんノーとか拒否の気持ちが強まっていく。

ここがポイント！

この心理を利用すれば、**女性をセックスに誘う前には、その前にたくさん首をタテに振らせておけばよい、**ということになる。

「今日のデートコースは僕にまかせてもらえる？」（女の子は首をタテに振る）
「それじゃ、テーマパークで思いっきり遊んじゃおう」（女の子は首をタテに振る）
「夕飯も、僕が決めちゃっていいよね？」（女の子は首をタテに振る）

こんな感じでいくつかの質問をしながら十分に首をタテに振らせてから、「食事が終わったら、ちょっとどっかで休んでいこう」とお願いすれば、女の子も首をタテに振ってしまう可能性が高くなるのである。

少なくとも、いきなりホテルに行こうと誘われたときよりは、はるかに高い割合でうまくいくであろう。

ヤリたいなら、基本、「ソロ」で行動しよう

女性を口説くときには、一対一が望ましい。

自分のほうに友だちがいたり、女の子が友だちを連れているような場合には、セックスはできないのではないかと思う。

男友だちが一緒にいてくれるのは頼もしいと思えるかもしれないが、基本はソロで行動しなければならない。2人連れの女の子をナンパし、それぞれに別の子とカップルになってセックスできる、というケースはきわめてまれだ。

友だちと一緒の女の子も、基本的には口説くだけムダである。

「友だちにだけ、先に帰ってもらってよ」

とお願いしても聞いてもらえるわけがない。退散しなければならないのは、あなたのほ

うである。

自分もひとりで行動し、相手もひとりでいる、という状況がもっとも望ましい。ほかに邪魔が入ると、口説けるものも口説けなくなってしまう。

かりにほかの女の子がいるときに、気に入ったほうの女の子だけをホメていたら、もうひとりの友だちも面白くはないであろう。不愉快になって、「もう行こうよ」とか「帰ろうよ」と言い出すに決まっている。

また、男友だちとつるむのも、いろいろな意味で考えものである。

まず、友だちのほうが自分よりイケメンである場合。

当然、あなたは並んで一緒にいる友だちと比較されてしまうわけで、普段よりずっとブサイクな男に見えてしまう。つまり、セックスの相手としては対象外とみなされやすくなるのである。

では、友だちがブサイクなら安心できるのか。

これも、そうとは限らない。

ロンドン大学のニコラス・ファールは、ひとりずつを個別に撮った写真と、3人を一組にして撮った写真を多くの大学生に見せて、魅力の点数をつけてもらった。

すると、あまり魅力的でない人物と一緒に映っていると、ひとりきりで撮られたときの写真を評価してもらうときよりも、魅力的に見えなくなってしまうことが明らかにされたというのだ。

ブサイクな人と一緒にいると、そちらに引っ張られて、あなた自身の魅力まで悪く評価されてしまうということである。

ブサイクな友だちと一緒に出かければ、その友だちが引き立て役になって自分だけいい思いができるかもしれないぞ、と思うかもしれないが、そういうことにもならないのである。

以上の理由により、結局は、ソロで行動したほうがずっと面倒がなくてすむのだ。

いったん友だちになってしまったら、もうセックスはできないのか？

女の子と仲がよくなることは、いいことである。

しかし、あまりに仲がよくなりすぎて、かえってセックスに持ち込むことができなくなってしまった、という男性もいるのではないかと思う。

ものすごく気が合うし、一緒にお酒などもよく飲むのだが、どうしてもセックスができなくて悶々《もんもん》としている男性は、けっこういるのではないかと思われる。

しかし、**友だちになってしまったからといって、何の問題もない。**

いったん友だちになってしまったら、セックスはできない、という法律やルールがあるわけでもない。みなさん自身が、勝手に躊躇《ちゅうちょ》しているだけである。

異性の友だちに性的魅力を感じるか？

	まったく感じない	少し感じる	それなりに感じる	かなり強く感じる
男性	27%	16%	48%	9%
女性	54%	14%	22%	10%

（出典：Kaplan, D. L. & Keys, C. B.）

「セックスなどを求めると、もう友だちでいてくれなくなってしまうのでは？」

「おかしな雰囲気になるより、今の関係を維持したほうがいいのでは？」

おそらくこんなことを考えて不安になり、その女友だちを口説くことができないのではないかと思われる。

けれども、**女の子だって、男友だちをセックスの対象とみなすことはある。**

決して、友だちだからといって確実にセックス対象外だと考えているわけでもないのだ。

だから、安心して口説いてほしい。

イリノイ大学のダニエル・カプランは、83名の男子大学生と、103名の女子大学生を対象にして、「親しくはあるがプラトニックな異性の友人について、性的魅力を感じることはありますか？」

と尋ねてみた。

すると、前ページの表のような結果が得られたという。

大半の女性は、男友だちには性的魅力をまったく感じないことは事実だ。しかし、「ちょっぴり感じる」人は14％もいて、「それなりに感じる」も22％、「かなり強く感じる人」も10％もいるのだ。

結局、「絶対にムリ！」という女の子を除外した数値を合計すると、なんと46％もの女の子が、セックスの対象としても男友だちを見なしているのである。これは、かなり心強い数値だ。

ここがポイント！

仲のいい友だちになってしまったからといって、嘆く必要はどこにもない。

いつからだって、いや今日からだって、**自分がその女友だちとセックスしたいのなら、その気持ちを素直に伝えてみるべきだ。**

応じてくれるかどうかは、相手の女の子次第であるが、少なくともOKしてくれる可能性はゼロではない。ゼロではないどころか、けっこう高いのが事実である。

「あやしい根拠」を使って女の子を口説く方法

女の子は、基本的に素直な子が多いので、人の話もそのまま信じ込んでしまうことが少なくない。その話に信ぴょう性があるかどうかなど、あまり気にならないらしい。

「○○って雑誌に、高校3年生の8割が経験済みって書いてあったよ」
「いつまでも処女の女の子はヤバいって、ネットに書いてあったよ」
「職場恋愛は当たり前で、7割が職場の人とセックス経験があるみたいだよ」

女の子は、そういう話を聞かされると、そのまま信じ込む。その話に本当に裏づけがあるのかどうかを確認しようとまではせず、ただ、「え〜、それじゃや、私も急いでセックスしなきゃ」と思うだけである。

女の子は、根拠のあやふやな話にも影響を受ける。

したがって、この心理を利用すれば、セックスをするように仕向けるのもそんなに難しくはない。

「キミくらい魅力的な女の子なら、セックスするのは当たり前」
「むしろ、若いのにセックスしないほうが不思議」

という話を聞かせてあげればいいだけの話である。

男性なら、根拠もない話を聞かされても鼻で笑うだけであるが、女の子はけっこう信じ込んでしまう。そして、そういうことならセックスしてもいいという同調的な気分になっていく。

私からすると、星占いとか、血液型とか、動物占いといったものは、すべてうさん臭くて、まったく信ぴょう性がないとしか思えないのだが、女の子はそういうものでも信じ込む。根拠があるのかどうかは、あまり気にならないらしい。

男性なら、根拠がある話しか信じない。

ロンドン大学のエイドリアン・ハーンハムによると、女の子は、星占いやホロスコープの性格診断を信用するが、男性はしないのだという。男性は、むしろ科学的な心理テストのほうを信用するようだ。

ここが
ポイント！

出所不明の、怪しい話でも、女の子は信じてしまう。だから、**セックスするのは当たり前というデータのようなものをデッチあげて、それをたくさん聞かせてあげるようにするとよい。**

「最近では、ものすごく相性がよければ、出会ったその日にセックスするのが常識になっているみたいだよ」

といった胡散《うさん》臭い話でも、信じてもらえる可能性が高い。

もちろん、こういうだましのようなテクニックがあまり好きではないというのなら、使わなくともよい。あくまでも技法をご紹介しているだけであって、自分で使いたくないというのなら、別のテクニックを使っていただいてもかまわない。

ヤルために、あえて別れを切り出してみる

きわめて危険度の高い方法ではあるが、女の子とセックスしたいのであれば、あえて「別れを切り出す」という方法がある。

あまりにもリスキーなのでご紹介すべきかどうか迷ったのであるが、一応、ご参考までにこのテクニックを紹介しておこう。

たとえば、女の子と友だちとしてものすごく仲良くなれたのに、どうしてもセックスだけはさせてくれないとしよう。

まさにヘビの生殺し状態である。

こういう状況で、**起死回生の一発逆転を狙うのが、「別れを切り出す」方法**である。普通にお願いしてもセックスさせてくれないのなら、もうこれしかないというときに実行し

てほしい。

「俺は、セックスさせてくれないのなら、もうキミに会わないつもりだ」

「セックスができないのなら、僕は身を引こうと思う」

勇気を出して、こんな感じで切り出してみるのである。

言ってみれば〝脅し〟であるけれども、このテクニックは実際に効果的である。

イスラエルにあるIDCヘルズリア大学のグリット・バーンバウムは、「別れ」の脅しによって、セックスしたいという気持ちが高まることを確認している。

ここがポイント！

「もう、あなたとはお別れする」と言われると、男性でも、女性でも、なぜかセックスしたい気持ちが高まるというのだ。どうやらセックスをすることで壊れそうになっている関係を修復したい、という気持ちになるらしい。

本当にそんなふうになるのかどうかは、相手次第、相手との関係次第というところもあるだろうが、ひとつのやり方として、こういうやり方もある、ということは覚えておくとよいであろう。

もちろん、女の子のほうから、
「あっ、そう。それじゃもう会うのやめようね、バイバイ！」
と言われてしまう可能性もあるわけで、もしそんな感じの空気になってしまったら、急いで「冗談だよ、冗談！」とジョークにしてとぼけてしまうのもいいだろう。そうしないと、関係自体が切れてしまうからである。

ちなみに、女の子にモテまくる男性は、知ってか知らずか、このテクニックを多用している。

モテる男性は、すぐに女性にセックスを求め、女の子が拒むと、「セックスさせてくれないなら、俺は別れる」と切り出すのである。そして、実際に、さっさと次の女の子のところにアプローチに出かけるのである。

どうしても好きな女の子がいて、その子に執着するのではないのなら、ここで紹介する〝脅し〟のテクニックを使ってみるのもよい。**セックスさせてくれないのなら、さっさと次の女の子のところにいこう。**

世の中には、どうしても落ちない女の子というのはいるのであって、そういう女の子にかかわっていたら、貴重な人生の時間をムダにしてしまうからである。

セックスは「おまけ」くらいに考えていると、心理的な余裕が持てる

本章では、すぐに女の子とヤルための方法を探ってきたが、最後に、ごく普通の手順を踏んでセックスに持ち込みたいという読者のために、基本的な恋愛技法についてもいくつか述べておこう。

今までご紹介してきたのが、いわば「奇策」であるとするなら、こちらは「正統な方法」であるともいえる。どちらの戦略を採用するかは、読者のみなさん自身が決めてほしい。

「僕はそんなに焦っているわけではないので、普通の手順でやりますよ」というのであれば、スケベな心をグッと我慢して、できるだけ紳士的にふるまおう。これがもっとも基本的な原則である。

男性にとって恋愛といえば「セックス」であるが、女性にとっては「ロマンス」なのである。女性は基本的にセックスを求めているのではなく、ロマンチックな気分にさせてほしいと願っているのだ。

ポルトガルにあるポルト大学のフェリクス・ネートによると、女性が「ロマンス」ということで連想するのは、「花」が第1位であり、第2位が「ピクニックや旅行」であり、第3位が、「公園や浜辺を歩くこと」であったという。

女の子にとっては、こういうロマンスが重要なのだ。

さらにネートは、女性が男性に求めているロマンチックな行為についても尋ねているのであるが、1位は「軽く抱かれること」(cuddling)で、2位は「見つめ合うこと」である。3位は、1位と似ているが、「きつく抱きしめられること」(hug)であった。4位にようやく「キス」がくる。セックスはその次だ。

女の子は、男から花束をもらって、公園を散歩して、やさしく抱かれていれば幸せなのである。

普通の手順で恋愛をするのなら、この手順に沿って行動するのがもっとも失敗がない。

だれにでも安心して実行できるという点でいえば、のんびりと恋愛を進行させていくという方法が一番である。

「今日は、○○ちゃんと絶対にセックスしてやる！」

と鼻息を荒くしてデートにのぞんでも、おそらく女の子からものすごく嫌がられるであろう。

ここがポイント！

むしろ、**セックスは「おまけ」くらいに考えて、心理的に余裕を持ち、のんびりとした自然体で会いに行くのが望ましい。**たいていの男性は、焦りすぎて自滅、というパターンが多いように思われるので、余裕を持つことはものすごく重要だ。

若い男性は、とにかく性欲が強いので、女の子といかにセックスするかということばかり意識してしまう。

その点、オジサンになってくると、そういう期待はあまりしなくなる。そのため、心理的にも余裕を持てるようになるし、そういう紳士的な態度をとっているから、かえってモテるのである。

若い頃にはそんなにモテなかったのに、オジサンになってモテる人がけっこう多いのは、余裕があるからである。

誘うときは、「女の子の友だちも一緒に」が鉄則

女の子は一般にシャイで、控え目である。

「今度、一緒に食事でもしない？」

という軽いお誘いでも、女の子は躊躇《ちゅうちょ》してしまう。男と一対一で会うのが、とても怖いのである。

では、そういう不安や恐怖はどうやって拭《ぬぐ》ってあげたらいいのか。

それには、友だちも一緒に誘ってあげるとよい。**友だちと一緒ということになれば女の子も心強いから、お食事のお誘いにもわりと気軽に応じてくれる。**

小さな子どもは、どこに行くにしろ、「ママ、一緒にきて！」「パパ、一緒にきて！」と求めるものであるが、それは親と一緒だと安心できるから。大人になっても女の子は、不

安なときにはだれかと一緒に付き添ってほしいのである。

「社会的代理人仮説」という仮説がある。

ものすごくシャイな人は、知らない場所へは代理人（友人や知人）と一緒でなければ出向くことはない、という仮説だ。代理人（友人）がいてくれて、不安が軽減されることができて初めて出向くことができる、というのである。

この仮説は、米国エリザベス・シティ州立大学のスコット・ブラッドショーが確認している。男性でも確認されたが、女性はもっと強かった。

男性だって、たとえば慣れていない会社を訪問するときには、同僚に立ち会ってもらったり、先輩に付き添いをお願いしたりするものであるが、女性は、男性よりもさらにそういう気持ちが強い。

「ひとりだと、どこにも行かない」

これが女の子の基本スタンスだと思えばいい。

だから、**みなさんがある女の子を食事に誘って、「ごめんなさい」と拒絶されたとしても、そんなに気にする必要はない。**一対一で食事をしようと誘ったら、たいていの女の子は断るのが普通なのである。不安だからだ。

とりあえず、最初の何回かは友だちも一緒に誘ったほうがいい。

「お友達の○○ちゃんも呼んでくれていいから」

「職場の後輩の子も、一緒におごるから誘ってみてよ」

というように。そうやって女の子の不安を拭い去ってあげるようにすれば、食事にも、デートにも応じてくれるであろう。

ここがポイント！

もちろん、**何回か一緒に食事をしてみて、気心が知れてきたと思ったら、できるだけ早いタイミングで「今度は2人で」という形に持っていかなければならない。**焦りすぎるのは禁物だが、だからといってのんびりしていたら、単なる「お友だち」になってしまう。

いつまでも複数人の食事会では、恋愛関係にはなりにくい。「2人で」と誘うタイミングの取り方は難しいと思うが、ともあれ、早いタイミングで2人きりに持ち込めるようにしたい。

メールでやりとりすると、その後の進展が早くなる

ここがポイント！

かりに出会うのが1回目であったとしても、**それまで何度もメールのやりとりをして仲良くなっておけば、実際に会ったときの進展も早い。**インターネットで知り合ったカップルは、恋愛の進展も2倍速、3倍速で進むのだ。当然、セックスするまでの時間も短縮できるであろう。

私の知り合いでも、本人は関東に住んでいるのだが九州の女性とメールでやり取りし、何回か会いに行っただけで結婚した男がいる。身近にそういう人物がいると、やはりインターネットで知り合ったカップルは進展が早いのだな、と妙に感心した覚えがある。たぶん、実際に会ったのは数えるほどだったであろう。

しかも、メールでやりとりすることにはもうひとつ利益がある。

それは、**実際に会うわけではないので、女の子もそんなに不安になったり、警戒はしない、**ということだ。シャイで臆病な女の子にとっては、これはものすごくありがたいことである。男性にとっても、メールを介してどんどん仲良くなれるわけだから、どちらにとっても都合がいい、ということになる。

米国テキサス・クリスチャン大学のアンドリュー・レドベターは、222名の大学生を集めて、対面、電話、オンラインの3つの手段で、会話をさせてみた。

すると、面識のない異性とやりとりしなければならないとき、対面と電話では、会話量が減ることがわかった。世間話も、恋バナもしなかった。同性なら普通に会話できるのに、異性だと思うと、突っ込んだ深い会話ができなくなってしまったのである。

けれども、なぜかオンラインを介しての会話においては、会話量が減らなかった。

なぜ、オンラインだと普通の会話ができたのか。

レドベターによると、その理由は、お互いに安心できるかららしい。オンラインであれば、相手の姿が目に入ったり、声を聞いたりはできないのだが、そのほうが安心というわけである。だから、どんどんおしゃべりできるというのだ。

もともと引っ込み思案で臆病な女の子を相手にするわけだから、**メールで安心させ、とにかくお互いのことを何でも話し合おう。**そうすれば、女の子も次第に心を開いてくれるようになるだろうし、そうなれば実際に出会ったときにもラクである。

「メールでやりとりするのなんて、面倒だし、わずらわしいよ」

と考える男性もいると思う。

たしかに、メールのやりとりは煩雑かもしれないが、それによって実際に会ってからの恋愛の進展が早くなるのだと解釈すれば、メールのやりとりもまんざらではないということがわかるだろう。むしろ、対面で直接に口説くときのほうが、なかなか進展せずに面倒くさいと考えてもいいほどである。後の面倒を避けるためにも、最初に面倒であったほうがいいのではないだろうか。

会話が苦手なら、メールで攻めてみよう

女の子と面と向かって話すのが苦手なら、メールでやりとりすればよい。**メールの達人になりさえすれば、やはり女の子にモテる。**

メールは、対面でのやりとりに比べれば、まどろっこしい。その特性上、いちいち相手からの返信を待たなければならず、スピーディな会話ができないからである。けれども、そういう「待つ時間」があるからこそ、女の子も待っている時間にドキドキしたり、あれこれと空想する時間に使うことができる。そのため、恋愛感情も高まっていく。

オランダにあるフローニンゲン大学のナンキー・コーデンバーグは、会話の遅延（ラ

グ）があることによって、愛情が高まることを確かめている。「待つ時間」を作るのは、決して悪いことではないのだ。

コーデンバーグによると、会話でも、しゃべりまくるよりは、時折ちょっぴり間を置いたほうが、「お互いの波長が似ている」とか、「この人は私を理解してくれている」とか、「私たちはいつでも同じ気持ちだ」といった評価が高まるそうである。

コーデンバーグは、会話の途中で、たまに1秒間の遅延をすることによって、そういう気持ちが高まることを実験的に確認している。

会話でも遅延は有効なテクニックだが、メールも同じ。

相手からメールが届いたからといって、すぐに返信するのではなく、ちょっぴり遅延を置くと、相手はあれこれとみなさんのことを考えてくれる。「ひょっとして、おかしなことを言っちゃったのかな？」とか「私のことを嫌いになっちゃうかな？」と空想してくれる。そうすることによって、どんどん好きになってくれる。

メールでうまく文章を作るためには、やはり練習が必要である。

とにかく、たくさんの女の子とメールのやりとりをすることによって、どんなセリフが女の子の心を惹きつけるのかを感覚的に学習しよう。また、どれくらいのタイミングでメールを送ればよいのかも経験的に理解していこう。

女の子とのやりとりは、いってみれば〝実験〟だ。

自分が実験者になったつもりで、被験者（女の子）にいろいろと試行錯誤しながらメールをすれば、そのうちにだれでも上手なメールが作成できるようになっていく。

「ただのメル友になってしまったら、セックスできないではないか」

と思われるかもしれないが、その点もあまり心配はいらない。

前項で説明したように、メールでのやりとりで十分に仲良くなっておけば、実際に出会ったときにも恋愛スピードは速いのだ。**メールで十分すぎるほどに仲良くなっておけば、**

ここが
ポイント！

出会ったその日にセックスすることも難しくはないのである。

Column

Column

日本人女性がセックスに淡白であるのには理由があった

本書は、いかにセックスのできる女性を見つけるのかが主な目的である。

とはいえ、日本人は、男性も女性もそんなにセックスに興味がないというか、非常に淡白であることが科学的な調査で明らかにされている。

その意味では、「セックスが大好き！」という女の子を見つけるのは、思いのほか大変な作業になるかもしれない。なぜなら、セックスが大好きな女の子が、ほかの国の女性に比べると、はるかに絶対数が少ないことが明らかにされているからである。

米国イリノイ州にあるブラッドレイ大学のデビッド・シュミットは、世界の

52ヶ国、のべ1万6000人以上の男女に、「理想として、何人のセックス・パートナーがほしいか？」と尋ねてみた。当然、日本人の男女も調査対象に入っている。その結果、世界を10の地域で分けて分析すると、わが日本が入っている東アジア地域が、もっともセックス・パートナーを求めないことが明らかになった。男性は、1・25人、女性が0・35人だったのである。

女性が0・35人ということは、「ひとりもいらない」と答える女の子がかなり多かった、ということである。数値が1にも達しないのだから、ひとりもいらないというのだ。本書の目的からすれば、まことに困った結果である。

ちなみに、もっとも多くのセックス・パートナーをほしがったのは、男性は中東がトップで、女性のトップは東ヨーロッパであった。

たくさんセックスしたいのであれば、日本人の女性を探すよりも、東ヨーロッパにでも出向いて探したほうが、ひょっとすると効率がいいかもしれない。

魚を釣りたいのなら、魚がたくさん泳いでいる場所で釣りをしたほうがいいに決まっているので、魚の少ない釣り場よりも、魚の多く潜んでいる釣り場に出かけるわけである。

日本人の女性は、もともとセックスにそんなに興味があるわけではないよう

Column

で、「せいぜいひとりでいい」という意見が大多数のようである。そんな場所で釣りをしても釣れるわけがないので、もっと魚の多い外国に出向いたほうが、成功する見込みは高くなるだろう。

ただ、そのためには外国語を一生懸命に勉強しなければならず、そのための努力が大変そうである。判断が難しいところだ。

もちろん、ここでのお話はあくまでもひとつのデータであって、日本人の女性の中にも、セックスに興味がいる子はいくらでもいるので、心配はいらない。統計データを解釈するときには、自分に都合のよい解釈をするのがコツである。

日本人は、たとえ恋人ができても、結婚したとしても、週に5回も6回もセックスをするほうがはるかに珍しく、もともと淡白な人が多い。これは男女ともそうである。

しかし、そうはいっても、「すぐにヤラせてくれる女の子がいれば、ヤリたい！」という男性は潜在的にものすごく多いと思われる。だから、私も本書を執筆したわけであるが、同じことを考えている女性だって少なからずいるはずだ。そういう女の子を頑張って見つけるために、本書を活用していただければ幸いだ。

あとがき

世に恋愛技術を説く本はいくらでもある。私自身、これまでに何冊も恋愛本を執筆したことがある。

しかし、私自身が執筆したからわかるのであるが、たいていの恋愛本というのは、ものすごく一般的なテクニックしか紹介されていない。書かれている内容は、女の子とのごくノーマルな付き合い方くらいである。

たとえば、よくある恋愛本には、「テーマパークに行って、一緒にジェットコースターに乗りなさい。そうすると女の子はドキドキして、あなたを好きになります。これを〝吊り橋効果〟といいます」といった内容しか書かれていないのである。

正直なところ、もう〝吊り橋効果〟にはうんざりである（笑）。この話が出てくると、「ああ、またか」と思うのは、私だけではあるまい。

そこで本書では、ちょっと趣向を変えて、とにかく女の子とセックスする方法に特化して論じてみた。すぐにヤラせてくれる女の子の見抜き方、すぐにセックスに持ち込むための恋愛テクニックを中心に構成したので、おそらくほかの類書とは一線を画す内容になっていると思う。

たしかに、女の子は男性ほどセックスに積極的ではない。

しかし、絶対数は少なくとも、確実にそういう女の子は存在するのである。「女の子は、出会ってすぐにセックスなんてしないんだ」というのは、大半の女の子に当てはまるルールかもしれないが、本書では、そういう女の子が「いる」という前提に立って、そういう女の子をどうやって見つけ出せばよいのかを考えてみた。読者のみなさんの恋愛ライフに、ぜひ本書を活用していただきたいと思う。

恋愛本を執筆すると、「内藤は、ものすごく女遊びばかりしているのではないか」とか、「ものすごくヤリまくっているのではないか」と思われるかもしれないが、残念ながら、そういうことはない。

私が興味を持っているのは、純粋に心理学の技法だけであって、女の子のほうではない。とはいえ、女の子遊びがまったく嫌いというわけではない。たぶん、読者のみなさんと同じくらいであろう。その意味では、私自身も、本書のテクニックのお世話になりながら、自分のテクニックを磨いていきたいと思う。お互いに頑張りましょう。

さて、本書の執筆にあたっては廣済堂出版編集部の伊藤岳人さんにお世話になった。この場を借りてお礼を申し上げたい。この本書の企画が伊藤さんから持ち込まれたとき、そのあまりにインパクトのあるタイトルに、腰が抜けそうであった。「こんなに直接的なタイトルでいいんですか？」と、こちらが心配になったほどである。

とはいえ、ありきたりな恋愛本を執筆するのはもううんざりしていたし、たまたまセックスに持ち込む心理技法についての論文を調べまくっていたところでもあったので、ちょうど渡りに船という感じで引き受けてしまった。

ともあれ、こうして書き上げてみると我ながらものすごくいい本が執筆できたような気がするので、このような企画を持ちかけて下さった伊藤さんには心から感謝している。ありがとうございました。

最後に読者のみなさまにもお礼を申し上げたい。本当にありがとうございます。また、どこかでお目にかかりましょう。

内藤誼人

参 考 文 献

Ackerman, J. M., Griskevisius, V., & Li, N. P. 2011 Let's get serious: Communicating commitment in romantic relationships. Journal of Personality and Social Psychology ,100, 1079-1094.

Astrom, J. 1994 Introductory greeting behavior: A laboratory investigation of approaching and closing salutation phases. Perceptual and Motor Skills ,79, 863-897.

Bartz, J. A., Tchalova, K., & Fenerci, C. 2016 Reminders of social connection can attribute anthropomorphism: A replication and extension of Epley, Akalis, Waytz & Cacioppo(2008). Psychological Science ,27, 1644-1650.

Bell, R. R., Turner, S., & Rosen, L. 1975 A multivariate analysis of female extramarital coitus. Journal of Marriage and the Family , May, 375-384.

Bellis, M. A., & Baker, R. 1991 Do females promote sperm competition? Data for humans. Animal Behaviour ,40, 997-999.

Berry, D. S. 1992 Vocal types and stereotypes: Joint effects of vocal attractiveness and vocal maturity on person perception. Journal of Nonverbal Behavior ,16, 41-54.

Birnbaum, G. E., Ein-Dor, T., Reis, H. T., & Segal, N. 2014 Why do men prefer nice women? Gender typicality mediates the effect of responsiveness on perceived attractiveness in initial acquaintanceships. Personality and Social Psychology Bulletin , 40, 1341-1353.

Birnbaum, G. E., Weisberg, Y. J., & Simpson, J. A. 2010 Desire under attack: Attachment orientations and the effects of relationship threat on sexual motivations. Journal of Social Personal Relationships ,28, 448-468.

Bradshaw, S. D. 1998 I'll go if you will: Do shy persons utilize social surrogates? Journal of Social Personal Relationships ,15, 651-669.

Braun, M. F., & Bryan, A. 2007 Female waist-to-hip and male waist-to-shoulder ratios as determinants of romantic partner desirability. Journal of Social Personal Relationships ,23, 805-819.

Busse, P., Fishbein, M., Bleakley, A., & Hernessy, M. 2010 The role of communication with friends in sexual initiation. Communication Research ,37, 239-255.

Caplan, S. E. 2003 Preference for online social interaction. Communication Research ,30, 625-648.

Cullum, J., O'Grady, M., Armeli, S., & Tennen, H. 2012 Change and stability in active and passive social influence dynamics during natural drinking events: A longitudinal measurement-burst study. Journal of Social Clinical Psychology ,31, 51-80.

Donio, D., & Lester, D. 1985 Factors affecting the sex of one's friends. Psychological Reports, 57, 1040.

Drews, D. R., Allison, C. K., & Probst, J. R. 2000 Behavioral and self-concept differences in tattooed and nontattooed college students. Psychological Reports ,86, 475-481.

Eaton, A. A., & Rose, S. M. 2012 Scripts for actual first date and hanging-out encounters among young heterosexual Hispanic adults. Sex Roles ,67, 285-299.

Ein-Dor, T., & Hirschberger, G. 2012 Sexual healing: Daily diary evidence that sex relieves stress for men and women in satisfying relationships. Journal of Social Personal Relationships, 29, 126-139.

Eiser, J. R., & Ford, N. 1995 Sexual relationships on holiday: A case of situational disinhibition? Journal of Social Personal Relationships ,12, 323-339.

Eshbaugh, E. M., & Gute, G. 2008 Hookups and sexual regret among college women. Journal of Social Psychology ,148, 77-89.

Exline, J. J., Zell, A. L., Bratslavsky, E., Hamilton, M. & Swenson, A. 2012 People-pleasing through eating: sociotrophy predicts greater eating in response to perceived social pressure. Journal of Social and Clinical Psychology ,31, 169-193.

Farley, S. D. 2014 Nonverbal reactions to an attractive stranger: The role of mimicry in communicating preferred social distance. Journal of Nonverbal Behavior ,38, 195-208.

Frazier, P., Arikian, N., Benson, S., Losoff, A., & Maurer, S. 1996 Desire for marriage and life satisfaction among unmarried heterosexual adults. Journal of Social Personal Relationships, 13, 225-239.

Furl, N. 2016 Facial attractiveness choices are predicted by divisive normalization. Psychological Science ,27, 1379-1387.

Furnham, A., & Schofield, S. 1987 Accepting personality test feedback: A review of the Barnum effect. Current Psychological Research ,6, 162-178.

Hall, J. A., & Canterberry, M. 2011 Sexism and assertive courtship strategies. Sex Roles, 65, 840-853.

Halpern, C. T., Joyner, K., Udry, R., & Suchindran, C. 2000 Smart teens don't have sex(or kiss much either). Journal of Adolescent Health ,26, 213-225.

Herold, E. S., Maticka-Tyndale, E., & Mewhinney, D. 1998 Predicting intentions to engage in casual sex. Journal of Social and Personal Relationship ,15, 502-516.

Hoyt, W. D., & Kogan, L. R. 2001 Satisfaction with body image and peer relationships for males and females in a college environment. Sex Roles ,45, 199-215.

Kaplan, D. L., & Keys, C. B. 1997 Sex and relationship variables as predictors of sexual attraction in cross-sex platonic friendships between young heterosexual adults. Journal of Social Personal Relationships ,14, 191-206.

Kelly, J. A., Kern, J. M., Kirkley, B. G., Patterson, J. N., & Keane, T. M. 1980 Reactions to assertive versus unassertive behavior: Differential effects for males and females and implications for assertiveness training. Behavior Therapy ,11, 670-682.

Koch, J. R., Roberts, A. E. Armstrong, M. L., & Cowen, D. C. 2007 Frequencies and relations of body piercing and sexual experience in college students. Psychological Reports ,101, 159-162.

Koudenburg, N., Gordijn, E. H., & Postmes, T. 2014 "More than words": Social validation in close relationships. Personality and Social Psychology Bulletin ,40, 1517-1528.

Lambert, N. M., Negash, S., Stillman, T. F., Olmstead, S. B., & Fincham, F. D. 2012 A love

that doesn't last: Pornography consumption and weakened commitment to one's romantic partner. Journal of Social and Clinical Psychology ,31, 410-438.
Le, B., Korn, M. S., Crockett, E. E., & Loving, T. J. 2010 Missing you maintains us: Missing a romantic partner, commitment, relationship maintenance, and physical infidelity. Journal of Social Personal Relationships ,28, 653-667.
Ledbetter, A. M., Broeckelman-Post, M. A., & Krawsczyn, A. M. 2010 Modeling everyday talk: Differences across communication media and sex composition of friendship dyads. Journal of Social Personal Relationships ,28, 223-241.
Lemieux, R. 1996 Picnics, flowers, and moonlight strolls: An exploration of routine love behaviors. Psychological Reports ,78, 91-98.
Little, A. C., Burt, D. M., Penton-Voak, I. S., & Perrett, D. I. 2001 Self-perceived attractiveness influences human female preference for sexual dimorphism and symmetry in male faces. Proceedings of Royal Society of London Series B: Biological Sciences ,268, 39-44.
Long, S. L., Mollen, D., & Smith, N. G. 2012 College women's attitudes toward sex workers. Sex Roles ,66, 117-127.
Lucas, M., Koff, E., Grossmith, S., & Migliorini, R. 2011 Sexual orientation and shifts in preferences for a partners' body attributes in short-term versus long-term mating contexts. Psychological Reports ,108, 699-710.
Lyvers, M., Cholakians, E., Puorro, M., & Sundram, S. 2011 Beer goggles: Blood alcohol concentration in relation to attractiveness ratings for unfamiliar opposite sex faces in naturalistic settings. Journal of Social Psychology ,151, 105-112.
MacGregor, J. C. D., & Cavallo, J. V. 2011 Breaking the rules: Personal control increases women's direct relationship initiation. Journal of Social Personal Relationships ,28, 848-867.
Manthos, M., Owen, J., & Fincham, F. D. 2014 A new perspective on hooking up among college students: Sexual behavior as a function of distinct groups. Journal of Social Personal Relationships ,31, 815-829.
Mason, A. E., Sbarra, D. A., Bryan, A. E. B., & Lee, L. A. 2012 Staying connected when coming apart: The psychological correlates of contact and sex with an ex-partner. Journal of Social and Clinical Psychology ,31, 488-507.
Mathes, E. W., & Kempher, S. B. 1976 Clothing as a nonverbal communicator of sexual attitudes and behavior. Perceptual and Motor Skills ,43, 495-498.
Mercer, G. W., & Kohn, P. M. 1979 Gender differences in the integration of conservatism, sex urge, and sexual behaviors among college students. Journal of Sex Research ,15, 129-142.
Miller, G., Tybur, J. M., & Jordan, B. D. 2007 Ovulatory cycle effects on tip earnings by lap dances: Economic evidence for human estrus. Evolution and Human Behavior ,28, 375-381.
Miller, S. L. & Maner, J. K. 2010 Scent of a woman: Men's testosterone responses to olfactory ovulation cues. Psychological Science ,21, 276-283.

Mongeau, P. A., Jacobsen, J., & Donnerstein, C. 2007 Defining dates and first date goals. Communication Research ,34, 526-547.

Neto, F. 1997 Romantic acts in Portugal. Psychological Reports ,81,, 147-151.

Penton-Voak, I. S., & Perret, D. 2000 Female preferences for male faces changes cyclically: Further evidence. Evolution and Human Behavior ,21, 39-48.

Perrett, D., Penton-Voak, I., Little, A., Tiddeman, B., Burt, M., Schmidt, N., Oxley, R., Kinloch, N., & Barrett, L. 2002 Facial attractiveness judgements reflect learning of parental age characteristics. Proceedings of Royal Society of London Series B: Biological Sciences, 269, 873-880.

O'Sullivan, L. F., & Gaines, M. E. 1998 Decision-making in college students' heterosexual dating relationships: Ambivalence about engaging in sexual activity. Journal of Social Personal Relationships ,15, 347-363.

Rasmussen, J. L., Rajecki, D. W., Ebert, A. A., Lagler, K., Brewer, C., & Cochran, E. 1998 Age preferences in personal advertisements: Two life history strategies or one matching tactic? Journal of Social Personal Relationships, 15, 77-89.

Reis, H. T., Maniaci, M. R., Eastwick, P. W., & Caprariello, P. A. 2011 Familiarity does indeed promote attraction in live interaction. Journal of Personlity and Social Psychology ,101, 557-570.

Riela, S., Rodriguez, G., Aron, A., Xu, X., & Acevedo, B. P. 2010 Experiences of falling in love: Investigating culture ethnicity, gender, and speed. Journal of Social Personal Relationships ,27, 473-493.

Roberts, J. A., & Tanner, J. F. Jr. 2000 Compulsive buying and risky behavior among adolescents. Psychological Reports ,86, 763-770.

Schmitt, D. P. 2003 Universal sex differences in the desire for sexual variety: Tests from 52 nations, 6 countries, and 13 islands. Journal of Personality and Social Psychology ,85, 85-104.

Skinner, N.. F. 1997 Hypochondria in women as a function of birth order. Psychological Reports ,80, 1344-1346.

Symonds, C. 1972 A vocabulary of sexual enticement and proposition. Journal of Sex Research ,8, 136-139.

Tom, G., Ramil, E., Zapanta, I., Demir, K., & Lopez, S. 2006 The role of overt head movement and attention in persuasion. Journal of Psychology ,140, 247-253.

Walsh, A. 1991 Self esteem and sexual behavior: Exploring gender differences. Sex Roles, 25, 441-450.

Wright, P. J. 2012 Pornography consumption, cocaine use, and casual sex among U.S. adults. Psychological Reports ,111, 305-310.

Zurbriggen, E. L. 2011 Implicit motives and sexual conservatism as predictors of sexual behaviors. Journal of Social Psychology ,151, 535-555.

すぐにヤラせてくれる女、
絶対にヤラせてくれない女
5秒でわかる　コスパ最強の心理法則

2017年12月10日　第1版第1刷

著　者　内藤誼人
発行者　後藤高志
発行所　株式会社廣済堂出版
〒101-0052
東京都千代田区神田小川町2-3-13 M&Cビル7F
電話 03-6703-0964（編集） 03-6703-0962（販売）
Fax 03-6703-0963（販売）
振替 00180-0-164137
http://www.kosaido-pub.co.jp
印刷・製本　株式会社廣済堂

ブックデザイン　大場君人
本文DTP　株式会社明昌堂

ISBN978-4-331-52135-9 C0095